エモ消費

世代を超えた
ヒットの
新ルール

Z世代の企画屋
今瀧健登

CROSSMEDIA PUBLISHING

はじめに

Z世代から全世代に拡散する

SNSの拡散力を最大限活用する方法

この本に書かれているのは、**「Z世代を入り口に全世代に商品やサービスをPRする方法」**です。

Z世代に受ける発信をすることで、全世代に拡散していく。そのための手法についてお話ししていきます。

なぜZ世代に向けて発信をすることで、全世代に広がるのかについては本文で詳し

拡散はＺ世代から始まる

く説明しますが、ひと言で表せば、**SNSの持つ拡散力を最大限活用できる**からです。

Z世代は「SNSネイティブ」といわれ、生まれたときからSNSを使ったコミュニケーションが当たり前です。もちろん上の世代の方もSNSを使いますが、やり取りの相手の数や回数は、圧倒的にZ世代のほうが多いと言えます。

彼らが商品やサービスを知り、友人や知人にシェアする。そこから拡散が始まり、世代を超えて広がっていきます。

Z世代を理解する必要はない

Z世代をメインターゲットとしたマーケティングについては、これまでにもさまざまな手法が発信されています。そうした情報を見て、**「若い層の考えていることはわからない」「若い人に受けるものなんて思い付かない」**と感じる方も多いと思います。

それで問題ありません。本書ではZ世代に訴求する上で知っておきたいZ世代の特徴などをお話ししていきますが、極論を言えば「Z世代がどんな人か」を知らなくても実践可能です。

Z世代に受けるものは、Z世代に聞けばわかります。そのZ世代は、社内や家族、その周囲にいると思います。

「当事者に聞けばわかる」ということは、Z世代向けのマーケティングに限ったことではありません。

例えばアメリカ人向けのマーケティングをするときに、日本人だけで考えるでしょうか。それでは、「ハンバーガーが好きそうだよね」といったような、ぼんやりとした発想しか出てこないように思います。ターゲットと同じ層の人がいなければ、実際にどんなものが受け入れられるかを考えることはできないはずです。

これは「世代の違い」でも同じです。

僕は1997年生まれで、Z世代の1人です。もし僕が上の世代の方向けのマーケティングをするなら、やはりその世代の方の話を聞くでしょう。

いま、ヒットを生み出すためにはZ世代を入り口にしたほうが有利。どんなことがZ世代に刺さるかを知るために、彼らを媒介とすると考えてください。その段階を踏むだけで、拡散の規模は大きく変わるはずです。

有名企業が求めるマーケティング手法

僕は現在「Z世代の企画屋」として、さまざまなクライアントからマーケティングを中心としたお仕事のご依頼を受けています。

本文でも紹介しますが、マッチングアプリ「タップル」の公式TikTokアカウントでは、開設1年でフォロワーは約35万人、総再生回数は2億回を突破しています（2023年3月末現在）。

そのほか、三菱UFJ銀行や花王、SUNTORY、損保ジャパン、関西電力、SHAKE SHACKなど、業種を問わずご依頼いただき、いまのところ順調に結果も出ています。

そのノウハウは、多くの部分でこれまでのマーケティングとは逆転した手法です。

とはいえ、自分の意見を押し付けるつもりはありません。もちろん、これまで培われてきたものを否定するつもりもありません。

ただ、Z世代を入り口にマーケティングを行うことで、全世代に向けた発信ができる。これは確信をもって言えます。

時代が変わっていくなかで、常に新しいものは生まれていきます。たまたま僕が見つけたものが、少しでも皆様のビジネスの役に立てば幸いと考え、本書の刊行を決めました。

消費は「5・0」の時代へ

企業の発信を見た人が、どんな情報でもシェアするわけではありません。特にZ世代は商品やサービスの機能的な価値や金額的な部分だけでは、あまり魅力を感じません。

では、Z世代はどんなことをシェアの基準にするかというと、本書のテーマである**「エモ」**です。

エモとは、ひと言で表せば「ハッピーな共感」です。

商品やサービスそのものではなく、それらを消費することで小さな幸せを得ることができる。そうしたメッセージへの共感が彼らにとっての「買う理由」になり、多くの人へとシェアする動機となります。

こうしたことから、消費は「5・0」の時代を迎えていると感じます。過去の消費のかたちに続く「エモ消費」です。

※「エモ消費」を含め、それぞれの消費の種類や定義についてはさまざまな議論があります。以下は、著者個人の見解です。

●消費1・0：モノ消費（1970年〜）

形のある「モノ」を手に入れることです。戦後のモノのない時代を経て、生活に必要なモノを揃えることが優先されました。家電や消耗品、衣類といった生活必需品を買うことから始まり、より便利な商品や趣味に合った商品を消費していきます。

●消費2・0：コト消費（1990年〜）

商品の機能的な価値を手に入れるだけでなく、その商品やサービスを買うことで手に入る「体験」を消費することです。例えばイベントやテーマパーク、旅行など、新しいこと、楽しいことを求めるようになりました。

●消費3・0：トキ消費（2010年～）

再現性のある「モノ消費」「コト消費」とは異なり、「トキ消費」はそのときにしかできない体験に対してお金を払うことです。例えばオリンピック観戦や限定的なポップアップストアでの買い物です。

●消費4・0：イミ消費（2020年～）

商品やサービスを購入するときに、他社や世の中に貢献できるものであることを基準にする消費です。例えば被災地への支援。近年では、SDGsに沿った商品を購入することなどです。

そしてこれからが消費5・0、「エモ消費」です。多くの人にとっての購入基準に「エモ」が含まれるようになる。どんなビジネスでも、取り組みは必須です。

本書の構成

本書の構成は下記の通りです。

第1章で、拡散の起点となるZ世代の特徴についてお話しします。また、現在は従来のマーケティング手法では結果が出づらくなっているという前提と、それを踏まえてどのように考え方をシフトすべきかをお話しします。

そうした課題の具体的な解決方法が「エモマーケティング」です。自社のPRしたい商品やサービスにひも付いた「エモシチュエーション」を考え、SNSを通して発信します。

第2章では、「エモシチュエーション」を考える上で、まずエモとは何なのか、どんなエモがより多くの人に届くかをお話しします。

続く第3章で、具体的な商品やサービスとひも付いたエモシチュエーションの考え方をお話しします。

最終章となる第4章では、これまでに考えたエモシチュエーションを、効率的に拡散させていく方法について考えます。具体的には、TikTokを中心とした発信です。加えて、より多くのビジネスにも活用できるよう、オフラインでの発信についても考えます。

改めて触れますが、エモを考えるということは、自分を、チームを、顧客を、日本を幸せにしていく行為です。本書を通して多くの人が「エモの世界」に足を踏み入れることになれば幸いです。

エモ消費の世界へようこそ。
左に並んだ文章を見て、どちらを買いたくなるでしょうか。
どちらが、人に伝えたくなるでしょうか。

◆インクが切れず、書きやすいボールペン
◆初めて契約を取った日、上司にもらったボールペン
◆柑橘系のさわやかな香りの香水
◆街ですれ違った人が、元カノと同じ香水を付けていた

◆ハムが大特価！
◆ハムたくさん！　親子のワガママチャーハンを作ろう
◆中華街でいちばん小籠包《ショーロンポー》がおいしいお店
◆デートで立ち寄りたい、肉汁溢れる小籠包のお店
◆従来商品の3倍の吸引力の掃除機
◆掃除が早く終わったから、夫婦でゆっくりコーヒーを

エモ消費　世代を超えたヒットの新ルール　もくじ

第2章

「エモ」が生まれる場所

第3章

ハッピーな共感を生み出す「エモシチュエーション」

第4章

小さな幸せを可視化する「エモクリエイティブ」

ブックデザイン・カバーイラスト
藤塚尚子（etokumi）

本文イラスト
ぷーたく

校正
加藤義廣（小柳商店）

編集協力
目次ほたる

第1章

「エモ」が自分にとっての「買う理由」になる

ヒットの媒介者となる人たち

日本でも「Z世代」に向けた取り組みは必須

エモ消費のカギとなるのは、いわゆる「Z世代」です。Z世代の定義には諸説ありますが、本書では「1990年代後半から2010年頃に生まれた世代」と考えます。2023年現在では、13～27歳くらいです。

よくある勘違いとして、「Z世代」という言葉を「ゆとり世代」や「団塊ジュニア」と同じように扱う人がいます。しかし「Z世代」はこれらのように、日本国内だけで使われている言葉ではありません。

Z世代はアメリカが発祥の用語です。アメリカでは1960年代から1970年代に生まれた世代が「ジェネレーションX」、１９８０年から１９９５年前後に生まれた世代が「ジェネレーションY」と呼ばれており、その次の世代だからということで「Z」とされています。

２０２２年の時点でZ世代は世界の人口の約25%を占め、**これからのビジネスにおいて消費の中心層となる世代**だといわれています。後に改めてお話ししますが、上の世代とは価値観や意識、消費行動の基準が大きく異なることから、マーケティングや商品開発の手法そのものを変えることが求められている。そうした点から、近年注目されています。

ただ、Z世代が人口の多い層だというのは世界的な話であり、日本ではボリュームのある世代ではありません。**少子高齢化が進むなかで、「なぜZ世代に着目する必要があるのか？」**と思われる方もいるでしょう。母数の少ない世代にアプローチするより、もっとボリュームのある世代に意識を向けるべきだろうということです。

しかし、これからの日本のビジネスにおいても、Z世代に向けた取り組みは必須です。その理由について見ていきます。

Z世代に注目すべき理由① 拡散力がある

Z世代は、「SNSネイティブ」だといわれます。TwitterやInstagramといったSNSが生まれたときから普及していて、コミュニケーションや情報収集のために使うことが当たり前の環境で育っています。

こうした感覚の違いは、上の世代の方も感じることが多いと思います。「欠勤の連絡をLINEでするのはどうなのか」「いつもSNSばかり見ていて世の中の情報をキャッチできているのか」。本書でどちらが正しいかは考えませんが、少なくともZ世代にとっては当然の意識です。大多数が上司への連絡にLINEを使わないのは、それが上の世代のルールだと知っているからです。

マーケティングにおいて、SNSの持つ意味はその「拡散力」です。

SNSの普及により、誰でも手の平の上から世界中に向けて情報発信をすることができるようになりました。そうして、一般人の投稿でも大きく拡散されるようになっています。いわゆる「バズ」です。消費行動としても、「SNSでバズったものを見て買う」ということが一般的になっています。**自社の商品やサービスをバズらせることができれば、何万人、何十万人、何百万人に知ってもらうことができる。**これほど効果的なマーケティングはありません。こうした理由から、SNS上での拡散が非常に重要視されています。

そして、**SNSの主役はZ世代**です。もちろん、上の世代の方もSNSを使いますが、情報発信という意味ではZ世代が中心です。SNSユーザーの割合として若年層が多いということもありますが、次にお話しするように、Z世代は上の世代に比べてSNSを通してやり取りする相手とその回数が圧倒的に多いといえます。

Z世代を中心として発信される情報が、知人やフォロワーに伝わっていく。もちろん、Z世代や彼らがシェアした相手の繋がりは同年代だけではなく、世代を超えて広がっていきます。つまり、**Z世代に訴求することで、全世代に向けてSNSを通した拡散が起きる。**これがZ世代を狙うべき最大の理由になります。

拡散はZ世代から始まる

Ｚ世代に注目すべき理由②　市場は右肩上がり

Ｚ世代に注目すべき２つ目の理由は、市場成長の可能性です。

この点で勘違いされやすいのが、「Ｚ世代」＝「若者」という考え方です。もちろん現時点で間違っていませんが、Ｚ世代は「年齢」ではなく、「世代」を指す用語です。いまは若くても、当然、30年後には30歳年を取っています。

現時点で日本のＺ世代の市場規模が小さいのは事実ですが、いまは学生や若い社会人であっても、いずれお金を持つようになります。**短期的に見れば狭くても、今後確実に伸びていくことがわかっている市場**です。

それに、若いということは、今後消費者である期間がそれだけ長いということでもあります。いわゆる「ＬＴＶ（Life Time Value：顧客生涯価値）」が高いわけです。企業やブランド側としては、若いときからアプローチすることで、生涯を通してお客さんになってもらうことができます。

どんなビジネスでも、伸びている市場に資本投下することが最も確実な成長戦略です。今後消費の中心となる世代に対して早期にアプローチすることで、将来の結果に直結します。こうした市場はほかにはありません。

将来性という視点では、Z世代のさらに下の世代である、「α世代」も同様です。マーケティングの世界では、もちろんα世代も重要視されています。

ただ、2023年の時点で、この世代は小学生までです。消費行動を分析できるほどの情報はありません。20年後には同じように「これからはZ世代じゃなくてα世代だ」といわれているでしょう。

いまは若いZ世代もお金を持つようになる

SNSを通して全世代に拡散する

コミュニケーションの基本はSNS

Z世代は将来の市場成長の可能性が高く、拡散力も高い。本書で紹介する「エモマーケティング」のターゲットとしては、Z世代を入り口に考えます。

それでは、Z世代に刺さる発信とはどんなものなのか。それを考えるために、ほかの世代と比較したZ世代の特徴と併せて、押さえておくべきポイントを見ていきます。

まずは、SNSを通したコミュニケーションです。

上の世代の方でも連絡の手段としてSNSを使うことは日常的ですが、雑談やおしゃべりのためにSNSを使うことは少ないと思います。誰かに聞いてほしいことがあれば、会社で同僚に話したり、友達とご飯を食べながら話したり、リアルの場が多いのではないでしょうか。

もちろんZ世代もリアルでのやり取りはありますが、**物心が付いたときから、SNS上でも常にコミュニケーションを取っています。**

日常的なコミュニケーションは、LINEが主流です。連絡が必要なときはもちろん、「今日は早起きできた」「電車が混んでる」「雨降ってきたね」といった、特に目的のない友人との雑談もLINEでしています。

1対1のやり取りだけではなく、LINEグループもたくさんあります。学生であればクラスのグループ、部活のグループ、仲のいい友達同士のグループ。社会人になれば、それに加えて同僚や趣味のグループなどもあります。

こうしたコミュニケーションを、日常生活を通してずっと行っています。用件を伝えて終わりではなく、LINEの中で常に途切れずおしゃべりしているような感覚です。

久しぶりに会っても「久しぶり」と思わない

Z世代が友人とのやり取りのために使うツールとしては、ほかにもInstagramのストーリーズがあります。

上の世代の方は、Instagramをコミュニケーションツールと捉えることは少ないと思います。誰かの投稿を見たり、自分で投稿したりするものという感覚が強いのではないでしょうか。**Z世代にとってInstagramは、友達全員に向けて自分の情報を発信する場**のようになっています。

例えば「今日はカレーを食べた」「原宿のカフェに行った」「こんな映画を見た」といった日常的な事柄もあれば、「こんな会社に入りました」「こんな仕事をしています」「仕事でこんなことがあった」といった仕事に関する情報も発信します。

特別なお知らせとしては、結婚報告もあります。「今日、入籍しました」「披露宴をしました」といった情報をInstagramのストーリーズに上げるだけで、普段交流のない友人であっても、「ああ、あいつ結婚したんだ」とわかります。

スマホ1つでお互いの普段の暮らしや仕事、さらにライフイベントなども知ることができます。そのため、数年ぶりに友達に会っても、「久しぶり」という感じがしません。

上の世代の方では、中学校卒業以来連絡を取っていなかった人と会えば、「うわー、懐かしいね」「めっちゃ変わったね」「いま何しているの？」といった話になると思います。一方で、Z世代の人たちは、直接会ったり話したりしていなくても、相手が昨日何を食べたのかさえ知っています。ずっと一緒にいたかのように、お互いのことを知っている。これはSNSがあってこそのメリットだと思います。

コミュニケーションの「回数」と「相手」が多い

Z世代は、友人知人だけではなく、**リアルでは知らない人とのコミュニケーションも活発**です。特にTwitterでは、会ったことのない人もたくさんフォローしています。趣味の近い人や面白い投稿をしている人など、興味があればすぐにフォローします。

そうした相手とも、友人同様に日常的な情報を交換します。

そうしてコミュニケーションを重ねた上で、実際に会ってみることもよくあります。普段のやり取りがあるので、打ち解けるのも早い。SNSを通して出来た友人はたくさんいます。

このように、Z世代にとって、人と人との繋がりは簡易的になっています。自然と、所属するコミュニティの数は多くなっていきます。

僕の場合は、会社のコミュニティがあります。「1997年生まれの会」もあります。ほかにもサッカーやフットサルの集まり、マーケターのコミュニティ、「サウナ好き」のコミュニティなどもあります。これがもしオフラインだけであれば、会社と同級生くらいしかなかったと思います。

Z世代はSNSで日常的にコミュニケーションを取り、所属するコミュニティの数も多い。上の世代に比べて、**コミュニケーションの「回数」と「相手」が多い**と言えます。

そうした人たちが、SNSで「このコーヒーがおいしかったよ」「この映画が面白かったよ」と投稿します。それを見た人がまた別の人に伝え、世代を超えて広がっていきます。これをZ世代の拡散力というわけです。

世代間のコミュニケーションの違い

上の世代

・雑談やおしゃべりはリアルで
・SNSでは基本的に用件を伝え合う

Z世代

・SNSで常にやり取り
・繋がる人の数が多い

広告に足を止められる「広告ナンパ論」

Z世代にとって「広告」はうざい対象に

Z世代について押さえておきたい次のポイントは、Z世代は「広告が嫌い」だということです。

従来、広告といえばテレビCMやポスターなど、たくさんのお金をかけて、クオリティ高く制作するものでした。「名作」と呼ばれるような広告やCMもたくさんあります。

それがいまはSNSが普及したことによって、簡易に広告を出せるようになりました。InstagramやYouTubeの広告であれば、簡単な作業で数百円から可能です。

その結果、僕たちは**質の悪い広告に出会うことが多くなっています。**なかには「倫理的にどうなの？」といった広告もあります。見ていて不快な広告が何度も目に入ることで、広告は「うざい」対象になってしまっています。これは上の世代の方も感じることだと思いますが、Ｚ世代の場合は特にＳＮＳを使う機会が多いため、その傾向が顕著です。

以前、ステルスマーケティング（企業が報酬を渡していることを隠したまま、インフルエンサーにＳＮＳなどへ投稿させること）が消費者を欺く行為として問題になりました。それを受けて、各ＳＮＳでは企業からの報酬が発生している場合には、投稿に「＃ＰＲ」などのタグを付けたり、「supported○○」「presented○○」と表記することが義務付けられています。

こうした投稿に対して、ユーザーの反応は極端に悪くなります。弊社の分析では、１投稿当たり平均３０００の「いいね」が付いていたアカウントが、「＃ＰＲ」の投稿では２００ほどしか付かなかった例もあります。

InstagramやTikTokが広がり始めた当初、SNS上に広告はほとんどありませんでした。純粋にユーザーの情報発信のためのツールだったわけです。

そのなかで「SNSをマーケティングにも使えるのではないか」ということで、発信や運用に取り組む企業が出てきました。

しかし、直接的に数字でその効果を追うことはできません。「こんなことをやっていて、費用対効果があるのか？」「本当に見てくれているのか？」「どうやって売り上げに繋がるのか？」と言われていたわけです。

そこからSNS広告が始まったことで、企業側はほかの広告媒体と同様に、効率的にユーザーに情報を届けることができるようになりました。ユーザーがSNSに使う時間はどんどん増えていますから、当然、たくさんの企業が参入してきます。

各企業は、どんな広告が効果的なのかを分析します。そうして**「〇〇ナンバー1」「〇年生まれのあなただけに」といった手法が効果的だとなれば、それがフォーマットのように標準化され、いたる所で使われる**ようになります。

話のつまらない人にはついて行きたくない

ユーザー側としては、同じようなことを言っている広告に、いつも出会うことになります。自分が見たい情報があるのに、邪魔ばかりしてくる。そのため広告に対する信頼がどんどん下がっていきます。もともと広告がなくストレスフリーで楽しんでいたプラットフォームに、後から「うざい広告」が入ってきた。そうしてさらに「広告って邪魔だな」という感覚が強くなっています。

僕はこうした状況を**「広告ナンパ論」**と呼んでいます。

ナンパされたとき、笑わせてくれたり、興味のある話をしてくれたりする相手でなければ、ついて行かないと思います。でも、いまの広告の多くは似たり寄ったりです。**どこかで聞いた言葉ばかりを言っていて、おもしろくありません。**

それに、**こちらから求めてもいないのに、急に話し掛けてきます。**自分の進みたい方向があるのに、進路を遮られてしまう。足を止めれば、「これについて悩んでるでしょ？」「あなただけへの情報があるけど、興味ない？」と言われます。「悩んでいる

広告ナンパ論

けど、なぜ見ず知らずのあなたについて行かなきゃいけないの?」という話です。

そこで**断れば、また目の前でほかの人にも同じ言葉で声を掛けています**。そんな人について行きたいと思わないですよね。

利害関係のない人の声が購入の基準になる

従来、商品の認知度を高めるために用いられてきた広告という方法では、Z世代にブロックされてしまいます。では、**Z世代はどんな基準で商品を「いいな」「買おうと思うのかといえば、UGC**です。

UGCとは、"User Generated Content"の略で、「消費者によって制作されるコンテンツ」を指します。消費者が商品やサービスの紹介、評価といった情報を発信することで、多くの人に拡散していきます。

ビジネスシーンでは、近年よく使われるようになった言葉です。具体的には、「口コミ」や「レビュー」を想像する人も多いと思います。

どちらもUGCの1つではありますが、そこに報酬やインセンティブが発生すると

UGCとは言えません。**UGCとは、利害関係のない第三者が自分の意思で発信するもの**です。企業側がインセンティブを付与して消費者にレビューを書いてもらう手法がありますが、この場合は当てはまりません。

心理学に「ウィンザー効果」というものがあります。これは当事者ではなく、**第三者から伝達された情報は信頼されやすい**という心理効果のことです。

例えば花屋さんで「この花がお勧めです」と言われても、「売りたいだけなんじゃないかな？」と感じてしまいます。一方で、その花屋さんで花を買った人が「この花、いい香りがするんだよね」と言っていれば、「いいな、欲しいな」と気持ちが動きます。情報の受け手としては、「この人は利害関係なく言っているな」とわかることで、信頼度が高くなるわけです。

そうして買ってみて、やはりいい香りがする。すると、「ほかの人にも素敵なお花屋さんを教えてあげよう」という行動に移ります。人から勧められて花屋さんに行った人が、さらに拡散をする。そうした**二次拡散が起こることで、より多くの人に届いていきます**。特に、親しい人や信頼している相手からのUGCは強力です。企業からのどんなに上手な訴求よりも、家族や親友からの言葉のほうが人の購買意欲を高める効果があります。

UGCを通して二次拡散が起きる

「みんな持っている」が買わない理由になる

「幸せ」の数が無限にある世の中

多くの人に商品やサービスを知ってもらうためには、Z世代に刺さる発信をして、UGCを拡散してもらえばいい。ただし、ここに壁が現れます。それは、**Z世代は「多様性を好む」**ということです。

Z世代は、SNSを通していろいろな人の生き方を見ています。「大企業に入った」「お金持ちになった」といった画一的な成功ではなく、「お金がなくてもこんなに幸せな生活がある」といった人の姿も知っています。

これまでもテレビなどでそうした発信はありましたが、「北海道の大自然の中で自給自足の暮らしをしています」といったような、極端な例でした。珍しいものでなければ人の注目を集めないからです。

それがいまは、どんな場所でどんな生活をしている人でも、SNSで自分たちの生活を発信しています。情報の受け手としては、聞いたこともないような地域で住んでいる人の「今日はタケノコを採りました」「雪が積もりました」といった、飾りのない日常を知ることができます。都会の人が地方に住む人の発信を見れば、「2LDKで家賃4万円ってどういうこと？」といった気付きも出てきます。

もちろん住んでいる場所だけではなく、仕事やライフスタイルなど、さまざまな人の多様な姿を見ることができます。そうして、「こういう生き方もあるんだ」「お金をたくさん稼いでいなくても幸せそうだな」という感覚が広がっています。

子供の頃からいろいろな「幸せ」を知ることで、**Z世代は他人に対して優劣を付けるという意識をあまり持たなくなっています。**「この人は大企業に勤めているけれど、残業ばかりでしんどそう」「あの人は何の仕事をしているかよくわからないけど、楽しそうだな」といった、両方の姿を見ている。大企業に就職している人、地方で暮らしている人という区別があるだけで、上下の差はありません。

どう生きればいいのかを選びづらい

いろいろな幸せの姿があって、それぞれに上下も感じない。そうすると、**自分がどうやって生きるのかを、とても選びづらくなります**。

これまでは、自分より上の年代の人を見れば「ああいう進路を目指すべきなんだよね」といった共通認識があったのだと思います。しかし、Z世代は普段目にする幸せのかたちが多様化していて、どれを軸にしたらいいかわかりません。職業も生き方も、「正解」が数限りなくあります。

それに、自分が「こんな生き方がいいな」と思える人がいても、他人はその人を知らないということもあります。昔にはなかった職業や生き方も増えています。

仮にユーチューバーになりたいと思っても、上の世代には見本になる人がいません。相談すれば「何それ」「そんな仕事をしても駄目だ」と言われてしまいます。そうし

いろいろな「幸せ」を見ることで、Ｚ世代は生き方に迷う人が多い

てどんどん自分の生き方がわからなくなっていきます。

これは、教育が時代に追い付いていないという側面もあるように思います。日本の教育システムの中では、自分のキャリアについて考える時間があまりありません。そうして大学に入り、就職活動の時期に急に人生の選択を迫られます。そこで初めて、「どう生きるかを考えていなかった」と気付きます。

自分がどう生きるか、しっかりと固まった上であれば、多様な人の価値観を見ることで参考になる部分がたくさんあります。しかしそうでなければ、見る姿の数が多ければ多いほど迷いが出てきます。

それでも選ばなければいけないから、何か1つを選びます。社会に出てみて、自分にピッタリ合った仕事であればいいですが、どう生きるかを考えずに決めた進路が自分に合う確率は高いとは言えないでしょう。そうして、「この人生でいいのか?」「ほかに楽しい道があるんじゃないか?」「挑戦してみてもいいんじゃないか?」と考えながら暮らしています。

「自分らしさ」や「個性」を大事にする

Z世代は「生き方」に迷いを抱える一方で、終身雇用は崩壊し、同じ企業の中でずっと働き続けるのは無理だとわかっています。転職は当たり前で、フリーランスになったり、起業したりする人も増えています。僕の同年代の知人から、「ずっと同じ会社で勤めようと考えている」と聞いたことなんてほとんどありません。

それぞれの生き方がバラバラの中で、ずっと同じ場所にいることもできません。加えて、時代とともに人の寿命は長くなっています。これまで80歳までの人生設計をすればよかったのが、100歳まで考えなければいけません。

そうした背景から、**「個人としての力を持たなければ、これから先は生きていけない」**と考えるようになります。そこまで明確に意識を持っていなくても、「自分らしさ」や「個性」を大事にし、多様性を好む傾向があります。

以前、「日本人は同調圧力が強いといわれるけれど、Z世代は自分らしさを大事にしたがる。そこに矛盾を感じることはありますか？」と聞かれたことがあります。

僕なりの答えとしては、同調圧力と個性を大事にする意識が混在しているのが、現在の日本だと考えています。

上の世代が昔ながらの同調圧力を持っていて、その子供が個性を大事にするZ世代だという構図です。職業を選ぶときに、大人たちは「大企業に入りなさい」と言い、子供たちは「起業したい」と考えます。だからわかり合えない部分が出てきます。

これはどちらがいい、悪いという問題ではないと思います。単純な意識の違いであり、人によって考え方も違います。ただ、傾向として、Z世代と上の世代にはこうした違いがあるということは踏まえておくべきです。

自分だけの「買う理由」を探している

Z世代は「自分らしさ」や「個性」を大事に考えている人が多い。ただ、生き方としてそれを体現できる人は少なく、だけど**ボンヤリと「ほかの人とは別でいたい」と考えています**。

そうした意識から、Z世代は何かを買うときにも人とは違うものを選ぶ傾向があります。例えば服を買うときに、周りの人たちが赤色を持っているから、自分は青を選ぶ。**誰かが同じものを持っているということが、「買わない理由」になる**わけです。

これには、「シェア」が当たり前になったことも影響しているように思います。例えばみんなでカフェに行って「これがおいしそう」「これもおいしそう」となれば、それぞれが別のものを頼んで、「ひと口ちょうだい」とシェアします。それに、ネット上でも商品やサービスの感想がすぐにわかります。流行っているものは試したいけれど、自分で購入しなくても、どんなものかを知ることはできるわけです。

こうした意識から、**「みんなが買っている」ということが、自分の買う理由ではなくなりました**。しかし実際問題、自分しか買っていないものなんてありません。だからたくさんあるものの中で、自分にとっての「買う理由」を見つけようとします。「人が買っているから」ではなくて、「○○だからこれを買うんだ」という意味付けです。

自分にとっての「買う理由」を言語化できている人もいます。例えば、Z世代はSDGsに対する意識の高い人が多い傾向があります。そうした人たちは、「地球環境のために」「サステイナブルなものを」という理由で商品を選びます。

ただ、そこまで「買う理由」を明確にできていない人のほうが多い。なんとなく「人と同じは嫌だ」と思っているけれど、はっきりした基準がない。だから「あなたに合わせた色です」「あなたの生活に合わせて」といったパーソナルマーケティングが流行っているのだと思います。


ある人にこの話をしたときに「Z世代は個性が大事と言いながら、みんなユニクロを着てるよね」と言われました。また、Z世代はSDGsの意識が強いけれど、全体を見たときにあまり消費行動に繋がっていないということもいわれます。

これがなぜかを考えると、単純にZ世代はお金を持っていないからです。個性を大事にしたいけれど、安さも大事。Z世代の年齢が上がっていけば、「人とは違うものを選ぶ」という意識が消費行動の主軸になっていくはずです。

誰かが持っていることが「買わない理由」になる

シングルヒットを重ねる「金魚すくいマーケティング」

ヒットが生まれない最大の理由は情報量の増加

- 1位「マジ卍」
- 2位「ぴえん」
- 3位「なう」
- 4位「写メ」
- 5位「タピる」「激おこぷんぷん丸」

何のランキングだと思われるでしょうか。「若者の間で流行っている言葉ランキング」ではありません。「今使うとダサい言葉ランキング」です（TBSラジオ『TALK ABOUT』の「TALK ABOUT RANKING」〈調査期間2022年1月30～31日〉より）。

現在、特に若年層の間では流行の移り変わりが早くなっていますが、これもZ世代に限った話ではないと思います。「去年いちばん売れた曲は？」と聞かれて、答えが浮かぶでしょうか。

20年前に「この1年でヒットした10曲」と聞かれれば、みんなの認識はだいたい一致していたと思います。しかし、いまはバラバラです。ランキングの10位以内に入っていても、人それぞれに知らない曲がたくさんあります。

商品やサービスも同様です。**近年、ビジネスの分野を問わず、大きなトレンドは生まれづらくなっています。**

その理由として、まずは「生活に必要なものはみんな持っているから」ということがあります。テレビ、冷蔵庫、クーラー、洗濯機、車。モノがない時代は、みんなの欲しいものが共通していました。

しかしいまは、生活に必要なものはひと通り揃っています。それに、どんな商品を買っても、〝はずれ〟を引くことは滅多にありません。例えばいまシャンプーを買って髪がキシキシになることはまずないと思います。コーヒーを飲んで「うわっ、まずっ！」となることもありません。

必要なものがひと通り揃っていて、足りなくなったときや壊れたときにも、どれを選んでも大きな問題がない。そのなかで本当に自分が欲しいものをと考えれば、みんなバラバラになる。だから大きく売れるものをつくるのは難しくなっているという発想です。

ただ、**大きなヒットが生まれない最大の理由は、人が受け取ることのできる情報量が増えたから**だと思います。

SNSやネットの普及によって、人々が触れることのできる情報は、従来に比べて格段に多くなりました。それ自体は便利なことでもありますが、多くなり過ぎたがゆえに、1つひとつの違いをはっきりと判別できなくなっています。

1つの方法で多くの人にリーチできなくなっている

加えて、情報収集の方法が分散しているということもあります。

上の世代の方にとって、テレビはどの家庭にもあるものだったと思います。僕も子供の頃は親が選んだ番組を横で見ている感覚でした。しかしいま、テレビはあまり見ません。僕の場合は、半年に1、2時間見るかどうかです。同世代には、テレビを持っていない人もたくさんいます。

Z世代が普段見るものは、LINE、YouTube、Twitter、Instagram、TikTok。人によってはNetflix。親に合わせる必要もなく、スマホで、好きな時間に好きな場所で自分の好きなものを楽しめるようになっています。当然**「SNSでいくらでも楽しいことがあるから、テレビは見なくてもいいや」**となります。

こうした話をすると、「若い人たちはSNSばかりで情報量の多いものには興味がない」と言われることがあります。そんなことはなくて、映画鑑賞が趣味のZ世代もいれば、小説を読むのが好きなZ世代もいます。テレビが好きなZ世代もいるし、ラジオが好きなZ世代も一定数います。TwitterやTikTokを見ない人はまったく見ません。

情報収集のツールが分散している

従来

選択肢が限られていて、
1つの媒体に長い時間を使っていた

現在

選択肢が多く、それぞれに使う
時間が少なくなっている

いろいろな媒体が生まれることで、情報収集の入り口が増えています。こうした傾向は、上の世代の方も同じではないでしょうか。これまで多くの人が多くの時間をテレビに使っていたところから、人によって、どれに時間をかけるかがバラバラになっています。そのため、1つの方法で多くの人にリーチするということが難しくなっています。

このような背景から、大きなヒットは生まれづらくなっています。さらにこれから、Z世代の多様性を好む意識が拍車を掛けていきます。大きなトレンドが生まれづらいという傾向は、ますます強くなっていくでしょう。

トレンドの条件は「消費者数」と「消費回数」

もちろん、大きなトレンドがまったく生まれないわけではありません。近年のわかりやすい例で言えば、タピオカです。最近であればサウナなどもそうした流れになっています。

トレンドが生まれるためには、一定の規模を超える必要があります。規模を構成するのは、消費者の人数と消費回数です。

人数に関しては、「バズ」といわれるように、いまでも一定期間、多くの人が商品やサービスを支持することがあります。その上で、何回も買うというリピート現象が起きるかどうかです。

タピオカの場合は、リピーターが圧倒的に多かった。それがなぜかといえば、まず、「今日タピる?」「映《ば》える」といったように、消費者の日常に溶け込みやすかったという側面があります。

しかし最大の原因は、「おいしい」と思う人がたくさんいたからです。おいしいドリンクやスイーツが溢れている中に、さらに差別化できるほどの品質を打ち出すことができた。その上類似の商品が存在しなかったという、珍しい例です。

周囲を圧倒するほどにいいもの、あるいは完全に差別化できるものであれば、勝手にリピートされます。それを世の中ではイノベーションと呼ぶわけです。**第二のタピオカを狙ってもいいとは思いますが、極めて困難**です。

バラバラな人たちに個別にアプローチする方法

大きなヒットは生まれづらくなり、その消費期限も短くなっている。いろいろなところでぷつぷつと小さなヒットが生まれ、生まれたと思ったら消える。**後になってみれば記憶にも残らないような小さなトレンドが、花火のように同時多発**しています。

従来は、「ずっと売れる、爆発的に売れるものを目指すのがマーケティングだ」といった考え方がありました。それがもう正攻法ではなくなっているということを、強く意識しなければいけません。

イノベーションのホームランはあり得るけれど、その数は極めて少ない。それに続く3塁打、2塁打も少ない。狙って打てるのはシングルヒット。あるいはシングルヒットを狙った結果、運よく2塁打になるくらいです。企業としては、ホームランを狙うのではなく、シングルヒットで繋ぐ戦略を採るべきです。

そして、たくさんのヒットを狙うなら、当然マーケティングも分散すべきです。これまで魚群として集まっていたものが、いまは金魚のようにそれぞれが法則性もなく自由に動いています。**投網で一気に捕まえるのではなく、いろいろな場所で1匹ずつすくわなければいけません。**

ただし、ここまで話したように、人それぞれに「買う理由」が異なります。バラバラに動く人たちに対して、個別にどうアプローチするのか。その有効なツールが、本書のテーマである「エモ」です。

エモとは、ひと言で表せば「ハッピーな共感」です。世の中にあるほかのものではなく、自分事として共感できること。それを入り口に商品やサービスに対してポジティブな印象を持ち、購買へと繋がっていく。第2章では、エモという概念について詳しくお話しします。

マーケティングは投網から金魚すくいへ

従来

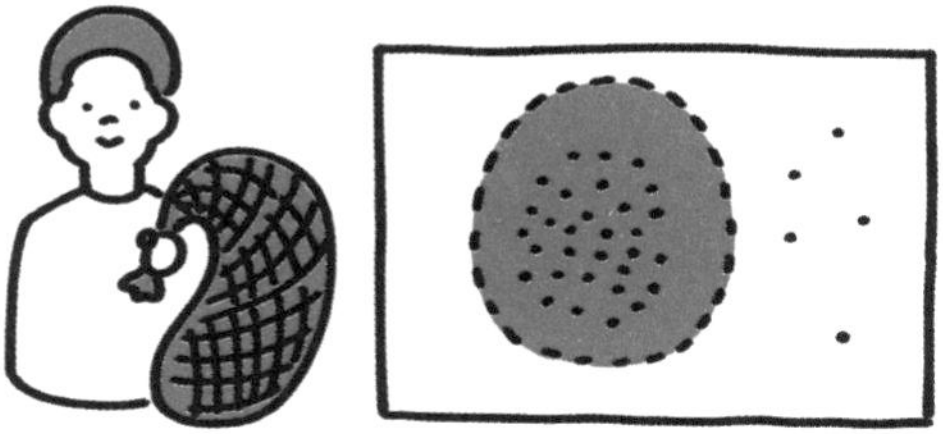

消費者が固まっていて、一度に
たくさん捕まえることができた

現在

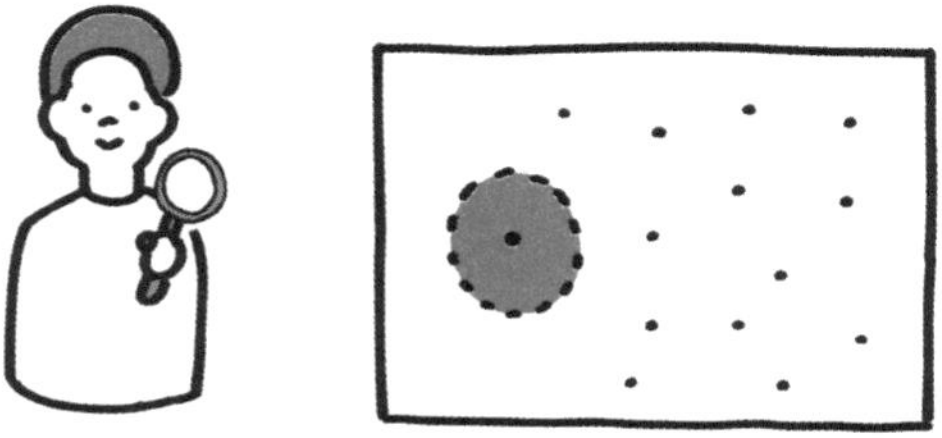

消費者がバラバラになっていて、
１人ずつすくっていくしかない

第2章

「エモ」が生まれる場所

「エモ」がすべてを解決する

1年でフォロワー約35万人、2億回再生

弊社がプロデュースしているプロジェクトの1つに、マッチングアプリ「タップル」の公式TikTokアカウント『幼馴染《おさななじみ》と共同生活中（略称：「おさ活」）』があります。

このアカウントでは、幼馴染との共同生活というシチュエーションを通して、見ると恋したくなるようなショート動画を投稿しています。アカウント開設1年でフォロワーは約35万人、総再生回数は2億回を突破しています（2023年3月末現在）。

タップルの飯塚勇太社長からのご依頼を受けてスタートしたもので、「恋愛総量を

増やす」をテーマにしたブランディングの一環です。日本では少子高齢化や長引く不況により、恋愛や結婚をしない若者が増えている。そのなかで多くの人たちを「恋愛したい」という気持ちにできれば、会社としての社会的責任を果たすことにも繋がるのではないか。そのためにどうすればいいのかというご相談でした。

誰かに「恋をしたい」と思ってもらう。そのためには、「キュン」とする気持ちの共感が必要だと考えました。その発信方法としては、文字や画像よりも動画のほうが情景を伝えることができ、自分を投影しやすい。そこで、縦型動画のプラットフォームであるTikTokで配信することになりました。

みんなが感じる共通項を探す

企画を考えたとき、まず社内のプロジェクトチームで「見るとキュンとする動画ってどんなものだろう?」と話し合いました。

恋愛についていろいろな人に聞いてみると、みんな口を揃えるのが「付き合う前の、あの時間」と言います。「くっ付きそうだけれどくっ付かない」「気になるけれど、口にはしない」といった恋愛初期の雰囲気は、誰でも経験したことがあるものだと思います。それを訴求することで「自分も恋愛をしたい」という気持ちを引き起こすことはできないかと考えました。

そこから、少女漫画にもあるような「幼馴染」というキーワードが挙がりました。ちょっとキュンとする仲よし感、恋が芽生えてしまいそうになる瞬間、あるいは、「この人だけは理解してくれる」というような心理的な繋がりを表現するのはどうか、というアイデアです。

タップルのアカウントで配信されているそれぞれの動画では、**告白する場面や誕生日のお祝いといった特別なシーンではなく、日常生活の中でのちょっとした駆け引きや思いやり**を表現しています。一緒に近くのコンビニに行った帰り道、しりとりゲーム、友達の恋バナをニヤニヤしながら応援するなどといったシーンを切り取っています。

幼馴染と共同生活中【おさ活】

ブランディング施策がコンバージョンに繋がるのか？

「おさ活」の運用は、多くの人にタップルを知ってもらうという目的もありますが、プロジェクトを始める時点ですでにタップルは認知度の高いブランドでした。メインの目的は、「恋愛総量を上げる」ことを通して、タップルを知っている人たちに、より魅力的なブランドとして認識してもらうことです。

そこで、再生数とフォロワー数に標準を置いてプロジェクトを進めていました。ただこうしたブランディング施策をする際によく出る議論として、「本当にコンバージョンに繋がるのか」といったことがあります。動画をたくさんの人に見てもらったところで、実際に売り上げが増えるのかという考え方です。

まず、「おさ活」のコンテンツの再生回数は、総計で2億回以上、平均で１００万回以上です。各動画の最後には、タップルのロゴがアニメーションで表示されます。「単純接触効果」といわれるように、人には見た数が多いほど好感度が上がるという心理があります。少なくとも、実際の効果にも繋がっているはずです。**同じことを**

広告でやろうとしても、まず届かない数字です。

より直接的なコンバージョンの面でも結果が出ています。タップルのアプリをダウンロードするとアンケートがあり、どこでサービスを知ったかを答える項目がありますす。その中でも「おさ活」からのダウンロードが多くなっていました。

どんな商品やサービスにも応用可能

タップルの事例は、TikTokにおける企業ブランディング施策の最高事例と表現して差し支えないと思います。ただ、タップルのターゲットは、主に若年層です。そこでどれだけ結果が出ていても、もっと上の世代を顧客層とするビジネスにはノウハウを流用できないのではないか、と思われるかもしれません。

しかし、エモマーケティングのノウハウは、どんな世代をターゲットとする商品やサービスにも応用できます。弊社ではほかにも数多くの企業からご依頼をいただき、いまのところ順調に結果も出ています。

第1章でお話ししたことをまとめると、以下のようになります。

- Z世代はこれからの消費の中心となる層で、強い拡散力を持つ
- Z世代に刺さる発信ができれば、全世代に拡散する
- Z世代は広告が嫌い
- Z世代は自分にとっての「買う理由」を探している
- 小さな流行が多発する時代に合わせて、マーケティングも分散すべき

この課題をすべて解決するのが、「エモマーケティング」です。

Z世代に共感してもらえる発信をすることで、すべての世代に広がります。広告ではなく利害関係のない人からの拡散なので、信頼性が高い手法です。

それに「エモ」には決まった形がありません。エモの条件や考え方をお話ししていきますが、同じ発信を見ても、人によって感じるエモは異なります。そこで生まれるものが、自分にとっての「買う理由」になります。

そして、エモマーケティングでは1つの商品やサービスについて5つ以上の発信を

します。人によって感じ方の違うアプローチを複数行うことで、より多くの人に届きます。

効果的なエモマーケティングを行うためには、その前提となる「エモ」を理解する必要があります。本章では、**人はどんなときにエモを感じるのか**をお話ししていきます。

消費者が本当に得たい情報とは何か

潜在顧客を顕在顧客に変える

エモマーケティングの目的は、潜在顧客を顕在顧客に変えることです。例えば掃除機を売りたいとき、**掃除機を欲しいとは思っていない人、あるいは「言われてみれば、掃除機が欲しいな」という人に、掃除機を買おうと思ってもらうアプローチ**です。

潜在的に掃除機が欲しいと思っている人に、「この掃除機を買えば掃除が楽になる」と言われても、「それはそうだろう」と、あまり実感が湧きません。あるいは「従来商品の3倍の吸引力！」と言われても、世の中には機能が充実した掃除機がたくさんあります。いまは、商品そのもので差別化することが難しくなっています。そこで「想像」させることで差別化を図ります。

例えば、「いつもより早く掃除が終わったから、ドリップコーヒーを淹《い》れて夫婦で飲んだ」という表現になるとどうか。「掃除が楽になる」ということとは別の魅力を伝えることができます。そこで消費者が「掃除機欲しいな」という意識になれば、機能的には似たような掃除機があっても、自分にとっての「買う理由」になります。

ただ、それがすごく大きなハッピーになってしまうと、つくられた世界になってしまいます。例えば「掃除で短縮された時間を使って株で大成功!」といったことになると、誰でも「そんなに上手くいかないよ」と感じてしまいます。

現実的に想像し得る、小さな幸せを演出します。「この商品があると、ちょっと生活が楽しくなる」「何となくよさそうだから、買っておくか」くらいの感覚を持たせることが理想です。

商品の価値ではなく、
商品を買うことで手に入る世界観を伝える

売る側の「伝えたいこと」はいらない

エモマーケティングの目的から見ても、従来のプロモーションでは訴求できないことがわかると思います。

企業としては、「大特価！」「当社比○倍！」といった魅力を伝えたくなりますが、Z世代にとって、**機能面や金額的な理由は自分にとっての「買う理由」になりません。**

例えば中華街でお店を探しているときに、「中華街でいちばん小籠包がおいしいお店」と看板の出ているお店があったとします。これでは「小籠包がおいしい店なんだな」で終わってしまいます。小籠包がおいしい店はほかにもたくさんあるでしょう。

消費者に自分のための商品だと思ってもらうために必要なのは、お店に行ったときに「どんな気持ちになれるのか」という部分です。

「カップルにお勧めの中華料理屋」であれば、少し想像しやすくなります。あるいは「デートで立ち寄りたい、肉汁溢れる小籠包のお店」ではどうでしょうか。より「どんな気持ちになれるのか」を想像できると思います。

機能面や金額的な魅力だけでは訴求できなくなっている

結局、いまも昔も、何かを売るためには「顧客目線」が必要だという話になるのだと思います。商品やサービスを売るためには、消費者が得たい情報を伝えることに尽きます。それがいままでは「商品の魅力」だったわけですが、いまは「商品を買ったときに得ることのできる気持ち」に移っている。だからそれを打ち出せばいいということです。

このように、エモマーケティングは、エモを感じるシチュエーションを伝えるものであり、商品の魅力を伝えるものではありません。ということは、**エモは商品を選びません**。直接的にエモを生み出しやすい商品とそうではない商品もありますが、最低限の機能を備えていれば、商品でもサービスでも、店舗ビジネスでも、基本的にはどんなものでも応用できます。

「エモ」とは「誰かと笑っていたとき」の記憶

誰もが共感する部分にエモが生まれる

「エモ」をひと言で表現すると、「ハッピーな共感」です。

例えば香水について考えたとき、「香りがいい」というのは機能的な話です。そこを**「街ですれ違った人が、元カノと同じ香水を付けていた」**と訴求し、**見た人が「ああ、あのときは楽しかったな」と共感する**のが「エモ」です。

あるいは、香水を付けたときに自分で「いい香りだな」と思うだけではなくて、友達に「何の香り？」と聞かれて、「〇〇のブランドで、〇〇のお店で買ったんだ」「へえー、いい香りだねー」と話す。そのやり取りがエモです。

パリ発の香水ブランドMaison Margielaには「1997年のオックスフォード図書館の香り」という商品があります。僕にはピンときませんが、オックスフォード大学に通った人であれば「懐かしい。あの図書館で……」となるでしょう。

本書の冒頭で紹介したタップルの「おさ活」の例では、幼馴染との掛け合いが「エモ」になります。ただ、動画を見る人すべてに幼馴染がいるわけではありません。「身内のように、直接的な言葉を使わなくても言いたいことが伝わるとき」「自分の癖や性格を理解してくれる相手だと感じる瞬間」といったように、幼馴染との共同生活というよりは、**1つひとつのシチュエーションに共感できるように設計**しています。

これが「素敵な男の子に○○と言われたらキュンとする！」というのでは、共感する人が限られます。恋愛が始まるか始まらないかといった、誰もが共感し得るシチュエーションに、多くのエモが生まれるわけです。

お風呂の中で感じる「エモ」

花王の商品に、「エッセンシャル」というシャンプーブランドがあります。その中で、詰め替えをせずにぶら下げて使うタイプの商品があります。プラスチックの削減になりますし、中身を最後まで使い切ることもできる、ＳＤＧｓの観点に沿った商品です。２０２３年5月にはパッケージが変わった新作が発売され、そのデザインを弊社が担当しました。

企画段階では、まず「お風呂に入っていてエモい瞬間ってどんなときだろうね」といった話になります。

出てきたアイデアの一例に、「子供を初めてお風呂に入れるとき」というものがありました。確かにハッピーではありますが、僕たちにはほぼ記憶がありません。親であれば自分事として共感できますが、若い世代は自分を反映しづらいわけです。

もう少し共感しやすいところで言えば、「仕事を頑張った後、お風呂に入ってひと息ついて、ビールを飲む」。ただ、これもシャンプーにひも付けづらいという話になりました。

そうしていろいろ考えている中で、**お風呂の中でのエモから、お風呂に似たシチュエーションでのエモに発想を移しました。**お風呂の中に、別のシチュエーションのエモを持ってくることはできないかという視点です。

結論から言うと、絵画のようなデザインを配したパッケージになりました。これは、「美術館でアートを見るときと、お風呂で考え事をしているときって少し似てるよね」というアイデアがベースになっています。

普段たくさんの人と関わって、数限りなく情報が押し寄せてくる。そうした生活の中で、周囲から遮断されて1人の時間を過ごせるお風呂という空間。アートを見ていろいろと考える時間。両方とも少し幸せな気分で、若い人も想像しやすいシチュエーションです。

これをシャンプーのパッケージで再現できないか。そうした発想から、アートが入ったエモーショナルなデザインになっています。

「エッセンシャル」パッケージ

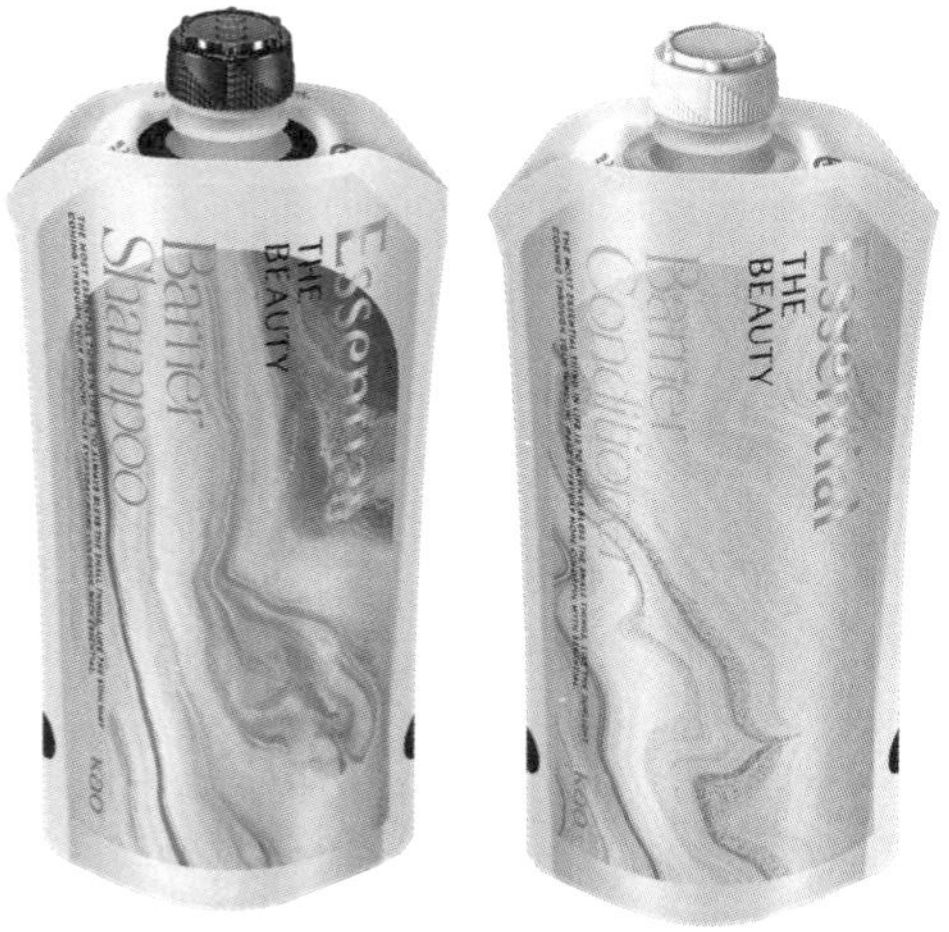

エモが生まれる3つの条件

人の共感を呼ぶエモを、どのように考えればいいのか。はっきりと定義することはできませんが、エモには3つの要素が入るものだと考えています。

①経験があること

エモに必要な共感は、「森林の香りの香水が欲しい」に対する「わかる」ではなく、「小学校の林間学校で森の中で遊んだ」「ああ、面白かったね」といった共感です。**自分が経験してないことに対しては、共感したとしても「よさそうだな」と思うだけで、具体的に想像できません**。自分にとっての「買う理由」にはならないわけです。

そのため、年代にも注意が必要です。Z世代に限らず、全世代の人がエモを感じることはありますが、拡散のためにはZ世代が経験したことでなければいけません。この点は第3章で改めて触れます。

②「ハッピー」を感じること

ネガティブな事象に対して、「うん、わかる」と共感しても、「欲しいな」とはなりません。エモはそのシチュエーションを想像したときに、ハッピーな気持ちになるものであることが必要です。

例えば「あそこのご飯屋さんおいしくないよね」「そうだね」という共感でエモは生まれません。一方で、「あそこのご飯屋さんおいしいよね」「そうだね」でも、抽象的でイメージができません。「あそこのご飯屋さんの福神漬けの量多くない？　あれおいしいよね」「わかるー」というほど具体的であってこそ、ハッピーな共感になります。

ただし、ここで言う**ハッピーは、「超幸せ！」な状態ではありません。**人によって幸せの姿は異なります。尖らせ過ぎると、共感を呼ぶことができません。日常の中で感じる小さな幸せを考えます。

③「コミュニケーション」があること

エモは、自分だけでは成立しないものです。あるシチュエーションがより多くの人に共感されるためには、コミュニケーションが内包されている必要があります。

大前提として、人はコミュニティの中で生きる動物です。消費の基準も自分だけのものではありません。本来、マーケティングとは人との繋がりを前提に置くべきです。

もちろん、**1人で感じるハッピーもありますが、それは自分の中で完結するものです。**コミュニケーションがあるからこそ広がりが生まれ、人に伝えたいと感じます。誰かといるときに、あるいは誰かといたときを思い出すことで感じることを、エモと考えます。


このように、エモとは、誰かとのコミュニケーションを通して、ハッピーを感じた経験です。わかりやすく言えば、**誰かと一緒に笑っていたときと重なる部分。**それが多くの人にとっての共感のポイントになります。そしてほかの人に伝えようという意識が生まれ、UGCが広がっていきます。

エモの条件は「経験」「ハッピー」「コミュニケーション」

「エモ」は60点くらいの共感

「みんなの100点」を取るのは不可能

本書のノウハウに限らず、人が商品を買う理由、あるいはUGCが生まれる理由として、「共感」が重要だといわれるようになっています。世の中の人全員に対して「めっちゃわかる！」という訴求をできればベストですが、現実問題として不可能です。

従来であれば商品の選択肢は限られ、消費者の価値観もある程度画一的だったので、大多数の共感をつくることができていました。しかしいまはみんなの生きてきた環境や考え方はバラバラで、物差しも人それぞれになっています。**「めっちゃわかる！」が人によって異なる**わけです。

その状況で「みんなの100点」を狙うなら、パーソナライズされた商品をたくさん打ち出すしかありません。しかし、それができる企業は、業種としてもリソースとしても限られています。

そこで、共感の度合いを下げて考えます。「めっちゃわかる！」と突き刺さるベネフィットではないけれども、暮らしの中で自分が使っているのが想像できて、少しハッピーになるような領域です。

感覚的な表現になりますが、**「めっちゃわかる！」が100点だとしたら、「エモ」は60点くらい**のイメージです。

例えば、「赤と青を組み合わせたパッケージの、ベネズエラ産のコーヒー」があったとします。ベネズエラに行ったことがあって、青と赤の組み合わせが大好きな人がいれば、「これ、俺のためのコーヒーじゃん！」となります。これが100点です。

一方で、「早起きした朝、出社する前にカフェで飲むコーヒー」であれば、「めちゃわかる！」とはなりませんが、ある程度は共感できると思います。これが60点です。

エモを感じて商品を選んだ人も、買った瞬間にもうそのことは忘れているくらいの感

エモは60点くらいの共感度

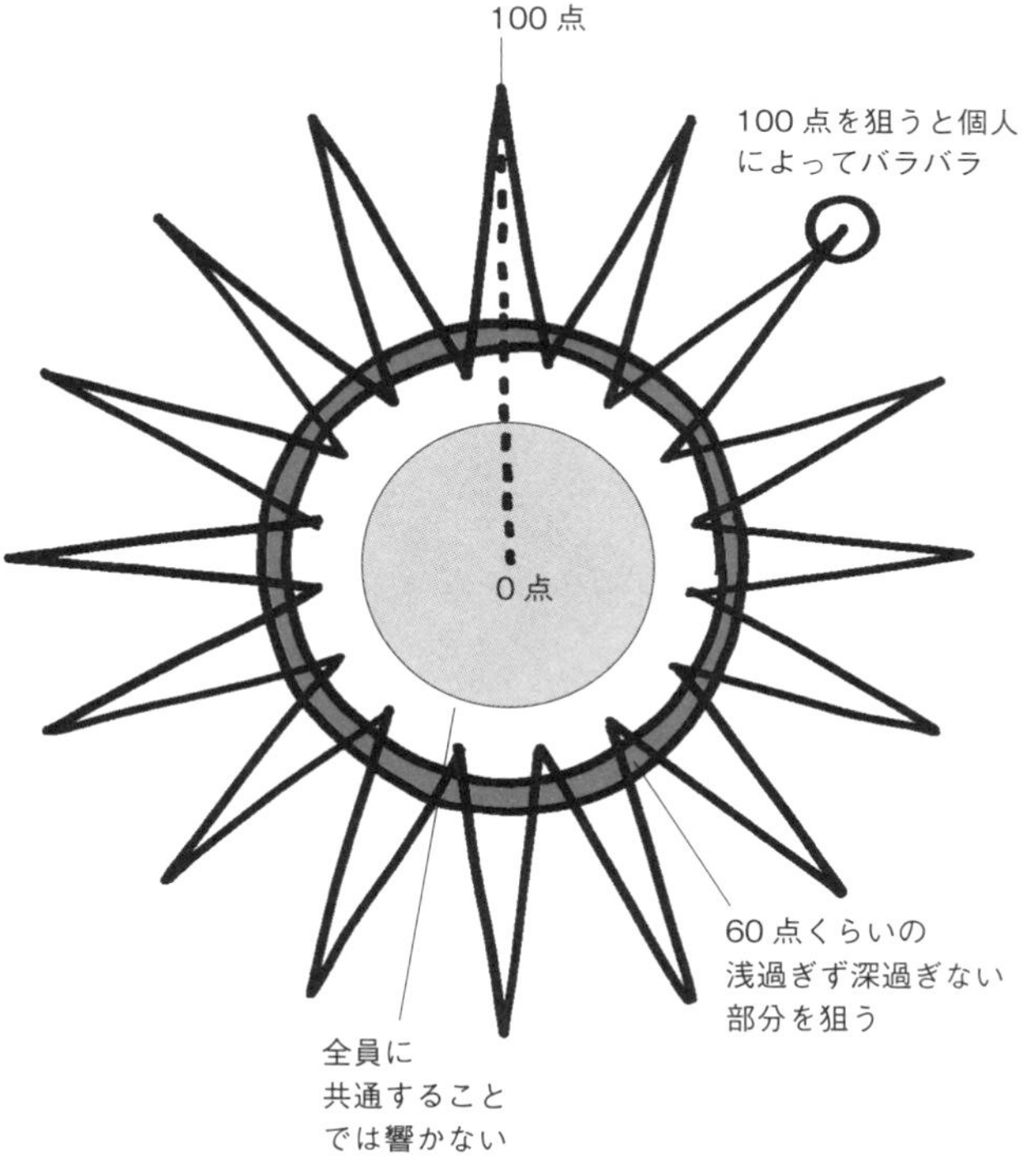
100点
100点を狙うと個人
によってバラバラ
0点
60点くらいの
浅過ぎず深過ぎない
部分を狙う
全員に
共通すること
では響かない

覚だと思います。

もっと浅い、全員に共通する部分を取りに行こうとすると、薄過ぎて誰にも引っかかりません。自分事として受け取ってもらえるギリギリの範囲で、なるべく多くの数を取ることが理想です。

60点だからこそ人に拡散していく

60点の共感を狙うことには、その訴求によって多くの人にリーチするということと同時に、見た人から別の人への拡散を設計する意味もあります。

ある商品を通してエモが発信される。それを見た人が「ああ、わかるわかる」と共感する。ある程度みんなに共通することだと感じるから、ほかの人にも伝える。そこでも「ああ、あるねー」と共感が生まれます。

これが**100点の共感だと、ほかの人に広がっていきません**。ある分野について大好きな人から話を聞いたとき、「すごいね」とは言うものの、他人事で終わってしまうことはよくあります。もちろん、なかには「めっちゃわかる！」と言う人もいますが、数は少ない。そこで止まってしまいます。

共感をベースに二次拡散が起こるということは、SNSなどの「いいね！」の文化に近いように感じます。現在の「いいね！」は打算的になっていると感じますが、本来は共感を示すための仕組みだったのだと思います。自分の共感を人に伝えたいというのは、人が本来的に持っている感覚なのかもしれません。

「エモ」には決まった正解がない

エモの定義について、抽象的な話が続いているように感じられると思います。正直に言えばその通りで、**エモの世界には、決まった正解がありません。**

カテゴリーに分けたり体系立てたりすることができればいいのですが、共感や幸せとは、最後の最後は言語化できないものだと思います。なぜ美術館とシャンプーが近いのかまでは説明できても、そこになぜ幸せが生まれるのか、共感するのかは説明できません。

結局、**エモとは自己解釈の中に成り立つもの**です。「このコーヒーを飲んだときにこういう気持ちになる」ということを言語化しようと思っても難しい。どう感じるかは人それぞれです。

同じものを見ても、ある人が感じるエモと、別の人が感じるエモが異なる可能性もあります。あるいは、本人も理由はわからないけれども、なんとなくエモを感じる、ということもあります。

例えばシャンプーのパッケージにアートが描かれていて「お風呂と美術館って一緒だよね」と思う人もいれば、「お風呂の中にアートがあるのっていいな」と感じる人もいます。そこまで言語化できないけど、自分が好きな雰囲気だと感じて買う人もいます。

共感してもらえるなら、どのパターンでも問題ありません。その最大数を狙っていきます。

ただ、やはりそれがシャンプーを使っているときとまったく異なるシチュエーションでのエモを訴求しても、購入には結び付きません。商品を前提に、あるいはほかのエモを商品にひも付けて共感を狙う必要があります。

商品とひも付いた「エモシチュエーション」の考え方について、第3章でお話しします。

第3章

ハッピーな共感を生み出す「エモシチュエーション」

実在するターゲットからエモを探る

エモは必ずチームで考える

第2章で、エモの条件の1つとして「コミュニケーション」を挙げました。1人では、エモを感じることはできません。ということは、1人でエモシチュエーションを考えることも不可能です。

「エモシチュエーションを考えるときも、複数の人たちで会話をしながらアイデアを出し合うほうが発想しやすくなります。「○○だから、こういう商品名にしよう」「わかる、それいいね」。あるいは「それ、ちょっとピンとこない。こっちのほうがいいんじゃない？」といったように、誰かの意見に対するリアクションが繰り返されることで、発想が広がっていきます。必ずチームを組んで考えるようにしましょう。

このとき、**主となってマーケティングを進めていくチームと、エモシチュエーションを探る上での媒介となるグループをつくります。**便宜上、本書では前者を「プロジェクトチーム」、後者を「ターゲットグループ」とします。次の順番で、実際の商品やサービスにひも付くエモシチュエーションを考えます。

①ターゲットグループにヒアリングして、どんなときにエモを感じるかを探る
②ヒアリングした内容などから、商品にひも付くエモシチュエーションを考える
③考えたエモシチュエーションをターゲットグループにぶつけて、反応を確かめる

プロジェクトチームのメンバーは、どんな人でも構いません。ただ、実際には商品開発部やマーケティングチーム、商品担当など、おのずと決まっていると思います。**2～4人が会話のしやすい人数**でしょう。

「ターゲットグループ」からエモの種を探る

ターゲットグループは、基本的にZ世代のメンバーで構成します。ここまでお話ししているように、エモマーケティングはZ世代の拡散力を利用した手法であり、当然、彼らに響くものでなければいけません。

ただ、それだけでは、世代を超えて拡散したとしても、本当に買ってほしい人の共感を得られない可能性があります。そこで、考えたエモシチュエーションの共感を測る過程では、ターゲットグループに商品の購入層を加えます。その点については、後ほどお話しします。

ターゲットグループの人数としては、**最低2人。できれば6人くらい**だと多様な対話が生まれやすくなります。知らない人同士では会話や共感が生まれづらいので、繋がりのある人で探していきましょう。

必ずしも、**マーケティングの対象となる商品を買う人だけでメンバーを揃える必要はありません。**

プロジェクトチームとターゲットチームをつくる

③考えたエモシチュエーションをターゲットグループにぶつけて、反応を確かめる
※このときはターゲットチームに商品の購入層を加える
プロジェクトチーム
主となってマーケティングを進める人たち
①ターゲットグループにヒアリングして、どんなときにエモを感じるかを探る
②ヒアリングした内容などから、商品にひも付くエモシチュエーションを考える
ターゲットチーム
エモシチュエーションを見つけるための媒介となる人たち（主にZ世代）

例えばコーヒーのマーケティングを行うとして、普段コーヒーを飲まない人もいたほうが、むしろ効果的です。コーヒー好きの人からは「どうやったら普段より多く買うのか」のヒントを集めることができますし、飲まない人からは、「なぜコーヒーが嫌いで、どうやったら飲めるようになるのか」「友達だったらどんなコーヒーを買うかな？」を探ることもできます。いろいろな人を通して、購入のきっかけを多様に探していきます。

メンバーについては、なるべく属性がバラバラの人たちを集めます。性別や趣味、職業、出身地が地方か都会か、海外か国内かでも価値観が違います。加えて人生のターニングポイントや学生時代の部活なども、多様だと効果的です。

ただ、繋がりのある人の中で属性がバラバラ、というのは実際には難しいと思います。この点ではあまり細かく考えず、社内のメンバーで集めれば問題ありません。Z世代がいなければ、社員の子供や友達にお願いしましょう。

「ペルソナ」からエモは探れない

マーケティングでは、「ペルソナ」を考えることが多いですが、エモマーケティングでは、先にお話ししたように実在する人間をターゲットにします。

これまでは、ターゲットやそのボリュームに、一定の傾向を考えることができました。例えばドリンクを売り出すとき、商圏となる地域の人口が○人で、普段このドリンクを飲む人が○人くらいいる。○~○歳くらいで、職業は○○系の人が多い。こうした条件からペルソナを考えることで、より多くの母数を取ろうという考え方です。

しかしいまは、それが逆効果になる時代です。人の価値観がバラバラで、1つの商品を買うにしても、人によって「買う理由」が異なります。これまでは、理由Aで買う人が8割いたけれど、今はABCDEFGと別れてしまっている。誰がどんな理由で買っているかわかりません。

そのため、**特定の層に向けて発信したときに、実際には買う人が存在しないということがあり得ます**。だから、実在の人間に「買う理由」を聞く必要があるわけです。

ただ、それだと一部の人にしか届きません。そこで、**複数の人物をターゲットにして、複数の「買う理由」をつくります。**さらにそれらの共通項を探ることで、共感率を上げていきます。

「Z世代」ではなく「人」を理解する

Z世代に通じるエモを探す

「エモを感じる」ということは、Z世代に限らず全世代共通です。しかし、**どんなポイントにエモを感じるかは、世代によって違います。**

例えば60代の人にとって「金八先生」がエモかったとしても、Z世代にはわかりません（もちろん、過去に見たことがあれば別です）。逆にZ世代が子供の頃に見ていた「かいけつゾロリ」や「プリキュア」の話を聞いても、年配の方はわからないでしょう。時代背景と合わせて、エモのかたちも変わります。

ただ、Z世代より上の世代の方は、当然ですがZ世代の年齢までは経験しています。

つまり、世代が違っても27歳までのエモについては、共通認識があるわけです。その中で、Z世代にも通じるエモを考えます。

特に、現在の70歳以下が使う商品、あるいは10年後、20年後もその商品を売りたい場合は、Z世代をターゲットにしたほうが効果的です。

まず、高齢者は日常的にSNSを活用している人が少なく、そもそも「Z世代から拡散していく」という構図になりづらいという点があります。

また、Z世代にとって60代までであれば、両親や祖父母というように、自分自身の生活の延長線で考えることができます。「自分の親なら」「おじいちゃんなら」、あるいは「おばあちゃんにプレゼントするなら」と発想しやすいわけです。はっきりと線を引けるものではありませんが、それが70代となると、少し距離が出てしまいます。

加えて、10年後、20年後を考えると、Z世代が消費の主な層になります。こうした理由から、メインターゲットが30〜60代の商品であっても、Z世代をターゲットにします。

餅は餅屋に、Z世代はZ世代に

社内でマーケティングについて考えるなかで、Z世代はまだまだ経験の浅いメンバーになると思います。大事な企画について、彼らの意見を中心に考えていいのかと思われる方もいるかもしれません。

しかし、**Z世代に向けたプロモーションにZ世代は必須**です。「餅は餅屋」ではありませんが、「Z世代はZ世代に」です。

例えば、日本人が「アメリカでのマーケティングを考えてください」と言われても、「アメリカ人ってケチャップやマスタードが好きだよね」といったようなことしかわからず、本質に辿り着くことができません。

まずは、対象となる当事者が考える。その前提の上に、「アメリカ人だけじゃなく、ほかの人も一緒に考えることで新しいものが生まれるんじゃないか」という発想が生きてきます。

こうした点で「それでも、日本人だけで考えよう」という人は少ないのではないでしょうか。エモマーケティングでも、同じ考え方です。

エモマーケティングはZ世代に向けるものだから、Z世代を中心にする。それなのにZ世代の力を借りることに対して抵抗感があるのは、単にZ世代が「若いから」「後輩だから」というだけの話ではないでしょうか。Z世代がプロジェクトの意思決定者というわけではありません。**エモを探る媒介として、Z世代を組み入れる**と考えましょう。

「Z世代っぽいもの」がいちばん危険

エモシチュエーションを考える上では、ターゲットとの対話を繰り返していきます。ターゲットがどんなシチュエーションに共感するのかを探るためには、その人がどんな人であるかを知ることが大切です。その上で、強調しておきたいことがあります。

第1章では、Z世代の特徴をお話ししてきました。上の世代の方の中には、「自分たちの世代とは全然違う」と感じた方もいると思います。それは事実なのかもしれませんが、危険なのはZ世代をひとくくりに捉えることです。

Z世代に限らず、**年齢が同じだからといってすべての人が同じ特徴を持つわけではありません。**

例えば、「Z世代はお酒を飲まない人が多い」といわれますが、そもそも近年はお酒を飲む機会が減っていると言えます。実際にZ世代と関わってみれば、飲む人も飲まない人もいることがわかると思います。そうした意味では、ほかの世代と変わりません。

あるいは、Z世代の定義とされている年齢から1年前、あるいは1年後に生まれていれば、Z世代と大きく特徴や考え方が異なるのかといえば、もちろんそんなことはありません。

何かを分析するときには、「これはこういうものだ」と大きな枠組みで捉えたほうが、往々にして考えやすい。そうして「Z世代ってこうだよね」と考えると、とても「Z世代っぽいもの」が出来上がります。「映える○○」「キラキラ○○」。よく見ますが、これがいちばん危険です。「Z世代抜きで考えたんだろうな」「Z世代っぽさを調べたんだろうな」と感じます。

Z世代は、それぞれが多様です。そう考えると、本来「Z世代っぽいもの」は存在し得ません。それなのに「これがZ世代でしょ」と押し付けられることで、かえって嫌悪感を抱かせてしまいます。

目の前にいるターゲットを「Z世代」という枠で観察しないようにしましょう。あくまで**1人の人間として、どんなことを感じるか、どんなことに共感するかを探ります**。それをしなければ、結局はペルソナを設定することと同じになってしまうわけです。

エモ思考に切り替えるためのアイスブレイク

エモが生まれるコミュニケーションのためには、シームレスな雰囲気が必要です。「どんなことがお好きですか?」「私は○○が好きです」と堅苦しく話していても、楽しい発想は出てきません。**気心が知れている間だからこそ、ハッピーな共感は生まれます**。

チームで考えるときには、まず、上下関係を持ち込まないようにします。普段関わりのない人同士や上司・部下の関係だったとしても、友達のように話せるようにしましょう。

ただ、いきなり「気軽に話して」と言っても、難しい場合が多いと思います。それに、ハッピーを探すためには、思考を仕事モードから切り替える必要があります。そこで、チーム全体をエモい雰囲気に切り替えるためのアイスブレイクをご紹介します。これは僕が大学時代、教職課程で学んでいたことがベースになっています。

まず、**小学校6年生のときのあだ名**で自己紹介します。チームでエモを考える時間は、そのあだ名で呼び合うようにしましょう。また、**小学校の卒業アルバムに「〇〇さんは学校で〇〇のナンバーワン」**というものがあったと思います。自分が何のナンバーワンだったかについても発表します。

なぜそのあだ名になったのか、当時の自分はどんな子供だったのか、どんなことに熱中していたのか。思い出して説明することで、昔の記憶を振り返る思考になっていきます。加えて、人の話を聞きながら自分のことも思い出すことで、共感が生まれます。

それに、**世代間ギャップや共通点を話題にする**と盛り上がります。例えば「ガラケーってあったよね」「〇〇〇って曲知ってる？」と聞くと、「よくわからないです」「えー、知らない？　めっちゃ流行ったのに」となることもあれば、意外に知っていて「なんで知ってるの！」となることもあります。

場所も職場からは離れたリラックスできるような空間が理想です。お互い気軽に話せるような雰囲気を考えましょう。

また、**どんな意見に対しても否定は禁止**です。共感できなかったとしても、「それなら、こんなシチュエーションのほうがいいんじゃないかな」というように、話を広げていくことを意識します。

話が脱線することは大歓迎です。

例えば「タンパク質にどんなエモがあるのか」と考えてもなかなか出てこなかったとします。

「タンパク質からエモって生まれるかな」

「んー。普段タンパク質を意識することある？」

「プロテインとか？」

「そういえば、筋トレ流行ってるよね」

「僕もやってるよ。気付かない？」

「え？　あー、確かにちょっと締まったかも」

「陰で頑張ったことに気付いてもらうエモってあるかもね」


1つの話題を起点に発想を広げていくことで、エモはどんどん連鎖していきます。

それから、共感ポイントを探すための過程なので、**誰かの意見に対して意識的にリアクションする**ようにします。「あ、わかる」ではなく、「ああ！　わかるわかる！」と、表情や身振り手振りも踏まえて共感を示しましょう。

ターゲットの感じる「エモ」を引き出す

エモを探るヒアリングのポイント

エモシチュエーションを考える最初のステップとしては、ターゲットにヒアリングをしながら、ターゲットがどんなときにエモを感じるかを探っていきます。**この段階では、具体的な商品にエモをひも付ける必要はありません**。後に説明するように、ターゲットに具体的な商品を提示してエモを探る方法もありますが、まずはフラットに探っていきます。

ターゲットがどんなものが好きか、何に感銘を受けるか、どんな考え方を大事にしているかなどを聞きます。**「Z世代の考え方」ではなく、目の前の**

「人」を理解するイメージです。

ヒアリングの方法として、ポイントがいくつかあります。

まず、第1章でお話ししたように、Z世代は「みんなと同じ」ということに魅力を感じません。そうした人たちに「みんながよく飲むコーヒーは？」と聞いてしまうと、「自分は違う」と反発が出てくることもあります。

そこで、ターゲットそれぞれに、**個人的な価値観や考え方など、定性的な部分を聞いていきます。**

- 「どんな生き方をしたい？」
- 「なんでいまの仕事を始めたの？」
- 「座右の銘ってある？」

それから、**「答えの用意」がない質問**をします。

例えば「人生でいちばんしんどかったときは？」「人生で最も嬉しかったときは？」と聞くと、みんなある程度決まった答えを持っています。すでにどこかで話していることで、答えてもらっても表面的な理解にしかなりません。

エモはとびきりの幸せではなく、日常の中にある小さなハッピーです。

- 「昨日嬉しかったことは？」
- 「今日テンションが上がったことは？」
- 「最近話して面白かった人は？」

身近な質問をすることで、人間味のある答えが出てきます。

「好きなもの」から発想を広げる

次に、単純に「好きなもの」を聞きます。

「紅茶」というなら「どこで飲むのが好き？」「いつ飲むのが好き？」というように、深掘りしていきます。

こうしたとき、「どの産地の茶葉がいいか」「濃いめか薄めか」といったような、種類や機能面には話が向かわないように意識します。これらは趣味嗜好の話であって、エモからは離れてしまいます。基準としては、**好きなものを通して、どんなときにハッピーを感じるのか**です。

加えて、**コミュニケーションが起きている状況**に意識を向けます。

- 「コーヒーについて誰かと話したことがある？」
- 「誰かにお勧めしたいコーヒーはある？」
- 「コーヒーをプレゼントするなら誰にプレゼントする？」
- 「それはなぜ？　どんな人？」
- 「その人はどんな反応すると思う？」

そうした話から、「恋人と飲むのがハッピーだ」とわかったとします。ターゲットはこれまでに誰かから「コーヒーを恋人と飲むことがハッピーである」と教えられたわけではないはずです。ではなぜ恋人なのかを探っていくと、「昔見た映画にそんな

ターゲットからエモを引き出すポイント

- 個人的な価値観を聞く
- 「答えの用意」がない質問をする
- 単純に「好きなもの」を聞く
- 好きなものを通した
コミュニケーションについて聞く
- 「なぜハッピーなのか」の背景を探る

シーンがあった」「両親がいつも一緒にコーヒーを飲んでいた」といった答えが出てくるかもしれません。

こうしたヒントを元に、映画からエモを考えられないか、親とコーヒーを結び付けられないかと、エモシチュエーションの材料を集めることができます。

1つの「エモ」からほかの「エモ」へ広げる

ターゲットから引き出したエモを入り口に、より多くのエモシチュエーションを探っていきます。方法は、次の3つです。

①似たシチュエーションで広げる

「コーヒーを通して幸せに感じたことは?」という問いに対して、「ちょっと贅沢して高いコーヒー豆を買って飲むこと」という答えがあったとします。その状況を細かく聞いていきます。

「自分で挽《ひ》くの？」

「うん」

「へー。やっぱり挽いてある豆と自分で挽くのでは違う？」

「うんうん、全然違う」


そこから、発想を広げます。


「ちょっと頑張ってやったことで、効果が出て嬉しいことって何？」

「うーん、髪のセット頑張ったら、会社の人に気付いてもらえたとか？」

「ああ、あるねー」


あるエモシチュエーションと似たシチュエーションはないかと横展開していくことで、新しいエモシチュエーションが見つかります。

②人物で広げる

ターゲットが話すエモシチュエーションから、具体的な登場人物を設定して広げます。

例えば、ターゲットが旅行好きだったとします。

「どの友達を連れていきたい？」

「○○君」

「○○君との思い出の中で、ほかに楽しかったことは？」

「小学生のときに家族同士でキャンプに行って、車の中で一緒に歌を歌った」

人物が特定されれば、さまざまなエモポイントが見えてきます。

③時間軸で広げる

あるエモシチュエーションを起点に、前後の時間軸を広げて考えます。

例えばターゲットが「美術館に行くことが好きだ」とします。

「美術館に行った日は、どんな1日だった？　面白いことあった？」

「駅で友達を待っていたら、服がかぶっちゃってて、笑った」

「あるねー。美術館の中ではどうだった？」

「絵画をゆっくり鑑賞して、リラックスできた」

「そっかー。友達とはどんな話をしたの？」

「見ている最中はあまり話さなかったな。お互いが自分のペースで見ている感じ」

「そういうのが気まずくない友達なんだね。その後は？」

「売店で絵画のシールを買ったら『こんなの買うの？』って言われちゃった」

「そっかー。その後ご飯に行ったりしたの？」

「いや、友達は次の予定があったの。私は早めに家に帰ったからお風呂にゆっくり入れた。いい1日だったなって思ったな」


美術館に行く日を考えるだけで、いくらでもエモを見つけることができます。

このように、ターゲットから引き出したエモシチュエーションを起点に、たくさんのエモシチュエーションを探っていきます。この後、実際の商品にひも付くエモを考えるための材料を集めるイメージです。

また、**ターゲットが感じるエモをインプットして、「その人のエモがどう構成されているのか」といった集合体をつくる**ような目的もあります。これが以降の過程の中で、「これ、あの人共感しそうだな」とターゲットの立場で考える基準になります。

エモシチュエーションを増やす3つのポイント

① ▶ **似たシチュエーションで広げる**
・エモシチュエーションと似た状況はないか

② ▶ **人物で広げる**
・エモシチュエーションの登場人物との思い出は

③ ▶ **時間軸で広げる**
・エモシチュエーションの前後にどんなことがあったか

エモのフレームワーク

繰り返しになりますが、エモは「経験」「ハッピー」「コミュニケーション」の掛け算から生まれます。「人とのやり取りを通したハッピーな記憶」を思い出す必要があるわけですが、すぐに思い出せるものだけではありません。

前述のような視点でエモを探っていくことに加えて、フレームワークに沿ってターゲットの記憶を呼び起こしてみましょう。

また、これはターゲットからエモシチュエーションを引き出すときだけではなく、自分で考えるときにも使えます。普段から「どんなときにエモを感じたっけ」と過去の記憶を思い出すことで、エモの発想力が鍛えられます。

心の奥底に眠った記憶を呼び戻すのに必要なのが、具体的な状況設定です。126ページのように、「4W1H」で考えてみましょう。

例えば「小学校の思い出」と漠然とした設定をしてしまうと、運動会や修学旅行といった強い記憶ばかりが出てきます。エモに必要なのは、もっと小さなハッピーであり、60点の共感です。そこで、「中学2年生、夏の部活動後」「帰り道のコンビニ」というように、より具体的な時間（いつ：When）や場所（どこで：Where）を設定することで、日常で感じた小さなハッピーを思い出すきっかけになります。

そして、ここにコミュニケーションの要素を付け加えます。「誰と（Who)」「何を話していたか（What)」です。

こうして具体的なシチュエーションをピンポイントで思い出すことで、そのときどんな気持ちを感じていたか（ハッピー：Happy）を言語化します。

エモのフレームワーク「4W1H」

① ▶ いつ（When）
② ▶ どこで（Where）
③ ▶ 誰と（Who）
④ ▶ 何を話していたか（What）
⑤ ▶ ハッピー（Happy）

例❶

①いつ（When）: 中学2年生、夏の部活動後
②どこで（Where）: 帰り道のコンビニ
③誰と（Who）: 同じ部活のメンバーと
④何を話していたか（What）:
「アイスって冬のほうが売れるらしいぜ」

「へー、そうなんだ。なんでかな」

「なんでだろうね。あ、溶ける溶ける！」

「お前がどうでもいい話するから！」
⑤ハッピー（Happy）：暑い中冷たいアイスクリームを食べながら、
仲のいい友達とおしゃべりをする、ちょっとした楽しさ

例❷

①いつ（When）：帰省からの帰り道、親に実家から駅まで車で
送ってもらっているとき
②どこで（Where）：車の中
③誰と（Who）：母親と
④何を話していたか（What）：
「駅まで歩けるから、送ってくれなくていいのに」

「まあいいじゃん。送るよ」

「この曲、お母さん昔から聞いてたよね」

「そうだっけ」

「僕もこの曲が入ったアルバム持ってるよ」
⑤ハッピー（Happy）：母親との久しぶりの時間を懐かしく感じながら、
親子の共通点を感じる嬉しさ

商品とひも付く「エモシチュエーション」を考える

作り手の自分事化が必須

ここから、具体的な商品にひも付くエモシチュエーションを考えます。このときも、1人で発想するのではなくプロジェクトチームで話し合います。

その上で、注意しておきたい点があります。

自分がマーケティングする商品やサービスが、異性や別の年齢層向けだったりする場合もあるでしょう。あるいは、「Z世代向けの発信だから」と、自分とは関係のないものだと考えてしまう。それは過ちです。

共感を生むためには、売るものが自分自身に結び付くことが大事です。**「自分が欲**

しいと思うものでなければ、人には売れない」というのは、どんなビジネスにも共通する鉄則です。自分の存在しないマーケティングをしようと思うと、とても難しくなってしまいます。何を基準に「いい」「悪い」と考えればいいのかがわかりません。

もちろん、例えば中年男性が化粧品のマーケティングをするのであれば、直接エモを感じることは難しい。それでも、その世界に自分自身がいることが大事です。

そのためには、**商品のターゲット層を通して、商品を自分に結び付けます。**身の回りに化粧品を使う人はいるはずです。自分の子供、妹、親戚、会社の後輩、同期の子供でもいい。**そうした人たちにあげたくなる商品はどんなものなのか**、という視点で考えます。この場合、買うのは自分ですから、自分自身をターゲットにすることができます。

逆もしかりです。若い人が年配向けの商品についてのエモシチュエーションを考えるのであれば、身の回りの人を介して考えるようにしましょう。

ターゲットを通して商品を自分に結び付ける

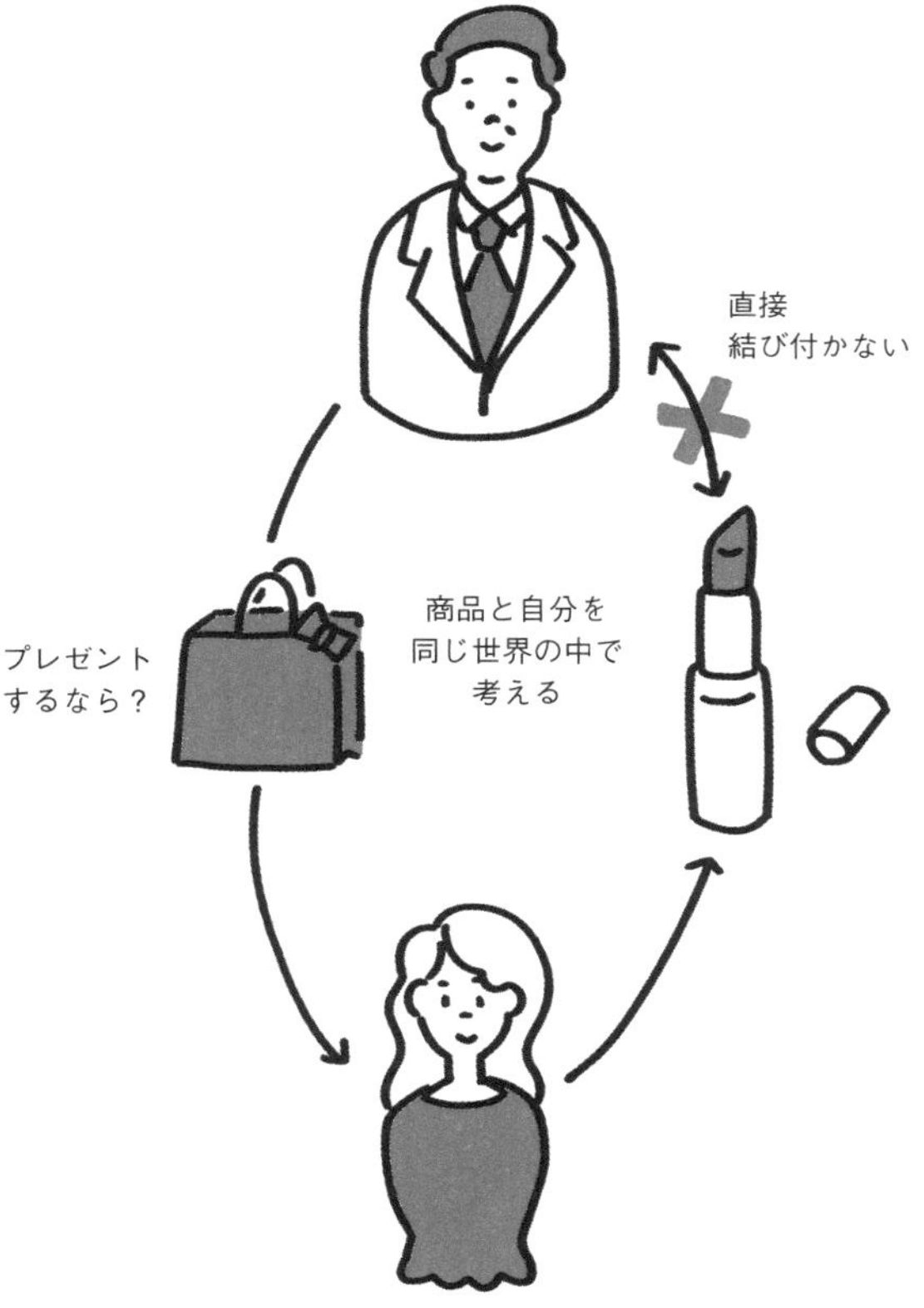

パターン① 商品を直接エモにひも付ける

より多くの人に共感してもらうためには、多くの発信があったほうが有利です。1つの商品やサービスについて、5つ以上のエモシチュエーションを考えます。

商品にひも付いたエモシチュエーションの考え方は大きく2つです。商品を起点にエモシチュエーションを考えるか、別の発想から考えたエモシチュエーションを商品にひも付けるか、です。

まずは前者について考えます。**理想としては、その商品の機能的な価値からエモを考える**方法です。

例えば、ポリフェノール配合の商品の機能的な価値として、「美肌」と捉えたとします。そこから発想していきます。

- 朝、肌の調子がよかったから家族に自慢した
- 会社に行ったら同僚に「肌綺麗だね」と褒められた

●先輩に「コスメ、何使ってるの？」と聞かれた

第2章でお話ししたエモの条件、「経験」「ハッピー」「コミュニケーション」が内包していることを意識しながら考えましょう。

次に、**その商品を消費すること自体がエモいパターン**もあります。

僕たちが企画し、Z世代を中心にヒットした「ウェイウェイらんど！」という商品があります。お酒とすごろくがセットになった商品で、乾杯マスやゲームモードなど、お酒を楽しみながら遊ぶことができます。

これは、商品を使って遊ぶこと自体で、会話が生まれるように設計しています。

企画段階では、みんなですごろくをしているとき、どんな状況がエモいかを考えました。思い付いたのは、それぞれのマスに止まったとき、「何が書いてあるの？」とみんなで覗き込む、頭がぶつかりそうな距離感です。そのため、この商品ではマスの中の文字を敢えて少し小さくしています。

このように、その商品を使う状況を想定し、そこにちょっとハッピーなコミュニケーションをプラスする考え方です。

パターン② ターゲットから聞いたエモを起点にする

商品そのものからは、エモを発想しづらい場合もあります。

例えばペンについて、「ペンからはエモシチュエーションを思い付かないな」「ペンは1人で使うものだし、コミュニケーションを考えづらいな」となったときに、**まったく違うものとひも付けられないか**を考えます。

まずはターゲットから聞いたエモシチュエーションの中に、商品とひも付けられるものがないかを考えましょう。例えばワインで考えてみます。

「ワインは好きだけど普段特にこだわることはなくて、コンビニで買ったりファミレスで飲んだりしている」というターゲットがいたとします。そんな人から「自分の生まれた年のワインをもらったとき嬉しかった」というエモシチュエーションが出たとします。

これをペンにひも付けてみると、「1997年生まれのためのペン」という発想が出てきます。実際に共感を呼ぶかどうかは後で考えます。どんどん数を出していきましょう。

次に、ターゲットから聞いた「アートを見ている時間」というエモシチュエーションとペンをひも付けられないかと考えたとします。直接ひも付けるのが難しければ、「絵を描くときのエモって何があるだろう?」などと発想を広げます。

そうして例えば、「中学校の美術の時間で自分の左手を書いたな」と思い出したとします。チームのみんなでそのことを話してみます。

- 「手ってよく見ると皺がたくさんあるって思ったな」
- 「手相って右手と左手で違うんだよね」
- 「爪を書くのって難しいんだよね」

そこにコミュニケーションの要素が加わった発想が出てくれば、エモシチュエーションになり得ます。

- **「意外に手の大きい奴がいて、大きさ比べしたな」**
- **「人差し指と薬指どっちが長いかで性格診断しなかった？」**

それにみんなが「あったあった。懐かしいね」と共感するのであれば、「中学生から70歳まで使えるペン」という発想も出てきます。

中学生の頃に左手を描いたペンを、70歳になっても使っている。そうした状況を設定することで、「アート×ペン」のエモシチュエーションを生み出すことができます。

これがコーヒーとペン、アートとペンを**どうにかひも付けようと考えてしまうと、なかなか発想が出てきません**。たくさんのエモシチュエーションから広げて考えてみましょう。

パターン③ 商品をターゲットにぶつけて探す

ここまでの発想法はターゲットから引き出したエモを参考に、シチュエーションを考えるものでした。加えて、ターゲットに直接商品やサービスを提示して探るパターンもあります。

このときもエモの条件である「経験」「ハッピー」「コミュニケーション」を踏まえて考えます。例えば先ほどと同様にペンのマーケティングを考えているとして、ターゲットに「筆箱の中のどのペンがお気に入り？」と聞きます。


「このボールペンかな」

「へー、いつ買ったの？」

「いや、これは昔上司にもらったの」

「そうなんだ、いまの上司？」

「昔の部署の上司。3年前くらいにもらったかな」

「なんでプレゼントしてくれたの？」

「初めて契約取れたときに。みんなにくれたんだけどね」
「そうかー。その人との会話で覚えてることある？」

これだけでも「上司との思い出×ペン」の発想が生まれます。

あるいは、ターゲットが選んだのが修学旅行で買ったペンかもしれません。すると「ここでしか買えないペン」という訴求方法も見えてきます。

このとき、ふわっと「ペンに関する思い出は？」と聞いてしまうと、ある程度、みんな答えを持っています。**ピンポイントに、その瞬間を思い出してもらうように質問します**。そうして思い出すシチュエーションは、ハッピーなもののほうが多いでしょう。それだけで、エモの条件を満たしているわけです。

商品とひも付くエモシチュエーションを考える３つのパターン

1 商品を直接エモにひも付ける

- 機能的な価値をエモに置き換える
- ちょっとハッピーなコミュニケーションをプラスする

2 ターゲットから聞いたエモを起点にする

- ターゲットから聞いたエモシチュエーションを商品にひも付けられないかを考える
- まずはとにかく数を出して、使えるかどうかは後で考える

3 商品をターゲットにぶつけて探す

- 商品に関する思い出や思い入れを聞く
- 「経験」「ハッピー」「コミュニュケーション」の視点からピンポイントにその背景を探る

エモが生まれやすい領域

多くの人が経験するシチュエーションから考える

共感を最も生みやすいのは、「限られた共通経験」です。例えば「パリに行ったことがある」という共通経験があるとしたら、「シャルル・ド・ゴール国際空港に着いたときのわくわく感」にとても共感します。

ただ、それではより多くの人の共感を呼ぶものにはなりづらい。エモシチュエーションを考えるとき、前提となるシチュエーションはみんなが経験したことがあるところから考えたほうが発想しやすいと言えます。

多くの人に共通する領域として、最もわかりやすいのが「恋愛」です。読者のみなさんも、イメージしやすいのではないでしょうか。

それに、**「学校」**や**「受験」**もエモが生まれやすい領域です。社会人になってからはそれぞれバラバラの生活をしていて、共感できる部分がどんどん少なくなっていきますが、中学校まではみんなが経験しています。

あるいは、**「家族」**です。一概には言えませんが、親、祖父母、きょうだいなどとの関係性は共通項の多い部分です。

それから、**ライフイベント**もあります。入学式、卒業式、体育祭、文化祭。年齢層が上がってくると成人式や結婚式、同窓会です。「初めての一人暮らし」といったものもあります。

音楽も共通する部分が多い領域です。昔聞いていた曲などはほかの人も共感しやすいでしょう。それに音楽は感情にダイレクトに影響するので、エモい可能性が高いと言えます。好きなアーティストの歌詞から発想してみるのもいいでしょう。

もっと日常的なことで言えば、**「子供の頃に行った○○」**です。僕の場合、子供の頃親に連れられてＩＫＥＡに行っても面白くありませんでした。それが大人になってから行ったら、とても楽しい空間でした。「このソファーいいな」「スリッパも売ってる」「え、食器まで売ってるの？　必要なもの全部揃うじゃん」。そうして「昔来たときには気付かなかった」「あのときは面倒だったな」と思い出すことが、エモに繋がっていきます。

簡単に言えば、**エモシチュエーションは「あるある」**です、みんなが経験する領域を大枠に考えて、それに商品をひも付けるやり方が発想しやすいでしょう。

ネガティブな状況からエモは生まれるのか

エモの条件の1つは、「ハッピーであること」です。ネガティブな感情からは、エモは生まれません。しかし、**ネガティブなシチュエーションであっても、その中でポジティブに心が動くときには、エモは生まれ得ます。**

例えばバイトで怒られていること自体にエモはありませんが、その後先輩と飲みに行って、アドバイスをしてくれた。そこで「そうか、頑張ろう」と元気付けられた。

それを振り返って、「あのときはしんどかったけど、先輩のお陰で乗り越えられたな」と感じるところにエモが生まれます。

あるいはドラッグストアで柔軟剤を選んでいて、「昔好きだったけど、付き合えなかった先輩と同じ香りの柔軟剤」を見つけたとします。切ない思い出ではあるけれど、先輩を好きだった当時の自分を思い出して「ちょっと頑張ろう」と前向きになれるのであれば、これもエモの種になります。

極端な例で言えば、葬式です。葬式は多くの人が経験することですが、幸せな状態とは言いづらい。ただ、親の葬式が終わって遺品を整理していたら、アルバムが出てきた。めくってみると、子供の頃の自分の写真が載っている。きょうだいで「ああ、ここに行ったねー」といった会話が生まれている状況は、ハッピーとも言えます。

ネガティブなシチュエーションは、その状況を想定しただけで「感情」にフォーカスされます。その中にポジティブなポイントがあると、感情の動きが大きく効果的な場合もあります。1つの発想のヒントとして考えてみてください。

エモシチュエーションを点数化する

考えたエモシチュエーションをターゲットにぶつける

チームで考えたエモシチュエーションに対して、多くの人が共感してくれるかどうか。それを確認するためには、実際に人に聞いてみるしかありません。自分たちが考えたエモシチュエーションを、ターゲットにぶつけて反応を確かめます。

このときは、Z世代で構成されたターゲットグループに、その商品やサービスの購入層となる人を加えます。拡散のためにはZ世代に刺さることが必要ですが、拡散しても肝心の購入層に響かなければ効果は薄くなります。**Z世代の視点を元にしたエモシチュエーションの中から、購入層の共感を呼ぶものを選ぶ**イメージです。人数としでは、Z世代より購入層のほうが少し多いくらいのバランスが理想です。

ここは客観性を持たせるために、定量的に考える必要があります。あるエモシチュエーションに対して、何人が「わかる！」と共感するかを見て、点数化します。比較できればどんなやり方でも問題ありませんが、ターゲットが5人だったとして、**全員が共感すれば5点、4人は4点……、1人は1点**、といったように考えます。

例えば「人生が変わるきっかけになった本を友達にプレゼント」というシチュエーションを考えたとします。みんなが「それ、いいね！」となるなら5点です。「若い頃、人生を前向きにしてくれた本がある。それを本棚に入れていたら、自分の子供が見つけて読んでいた」。これは結婚や子供に対して意識がない人もいるので、響かないターゲットもいるかもしれません。2点、1点となるかもしれません。

ただ、必ずしも、1点のエモシチュエーションが駄目だというわけではありません、少なくとも、共感する人はいるわけです。1つのエモシチュエーションで多くの共感を得るよりも、複数のエモシチュエーションで総数を増やすアプローチのほうが有効です。

前述の通り、エモマーケティングでは、目安としてマーケティングの対象となる商品やサービス1つにつき、5つ以上のシチュエーションを出します。それらの平均点を見ます。

弊社としての経験則になりますが、基準としては、ターゲットが5人の場合で**平均点が3・5以上です。複数のシチュエーションの中に1点は1つまで、2つ以上の満点が入る**というように考えましょう。

これを基準に、実際のターゲッ

ターゲットの共感を点数化する

エモシチュエーション	Aさん	Bさん	Cさん	Dさん	Eさん	点数
①	○	○	○	×	○	4
②	×	×	○	×	×	1
③	○	○	○	○	○	5
④	○	○	×	×	○	3
⑤	○	○	○	○	○	5
					合計点	18
					平均点	3.6

トの人数に合わせて調整してください。正確な倍数でなくても問題ありません。実際の効果検証のために、自分たちの基準をつくると考えましょう。

「わかる」「わからない」の理由を探る

エモシチュエーションの共感を測るときには、単純に点数を見るだけではなくて、その反応の理由を探しましょう。エモシチュエーションを聞いたとき、「わかる」という反応もあれば「よくわからない」といった評価もあります。

「わかる」と答える人はどんな点で共感するのか、「わからない」と答える人はどの部分に共感していないのかを聞いていきます。そこから共通項が見えてきます。新しいエモシチュエーションを考えるときには、これがとても参考になります。

また、このときも話の脱線は歓迎です。「わかる」「わからない」、あるいは「それだったらこっちのほうが」「そういえばあのとき」といったやり取りの中で、また新しいシチュエーションが生まれる可能性もあります。

自由な発想を引き出すため、どんな会話が生まれているとき、その商品を買いたくなるのかを考えます。例えばビールを売りたいとき、ビールを飲む人たちに「どんなビールが好きですか？」と聞くのではなく、ビールを飲みたくなる会話をつくります。

- **「誰と乾杯したい？」**
- **「最近、どんな状況でビールを飲んでいた？」**
- **「どんなときに飲んだビールがおいしかった？」**
- **「そのとき、何を食べていた？」**
- **「何をした後にビール飲みたい？」**

そこから、「仕事終わりの唐揚げと枝豆とビールの組み合わせが最高だよね」といった会話が生まれます。

こうしたコミュニケーションを設計することには、その商品について、**ターゲットに自分事化してもらう**意味もあります。特にZ世代は自分らしさを意識します。自分事化できる商品でなければ、買おうという意識になりません。

ただ、「これ、君のためだよ」とだけ言われても、自分事化はできません。そこでコミュニケーションによる後押しが必要です。「この商品を誰かに勧めたらこんな反応があるだろうな」「誰かとこんな話をするだろうな」と考えてもらうことで、具体的に想像できるようになります。

「人に勧めたくなる」まで磨き込む

エモマーケティングの目的の1つは、UGCを生み出すことです。そのためには、消費者に「商品を買いたい」と思わせるだけではなく、**「シェアしたい」と思ってもらえる状況まで設計する**必要があります。

この点では、「NPS®」という指標を測る方法を応用します。NPSは"Net Promoter Score"の略で、顧客ロイヤリティを測るものです。

NPSを点数化する際には、顧客に対してアンケートを行います。その中に「この商品をほかの人に勧めたいですか？」という項目があり、これを基準に満足度を測ります。「商品に満足していますか？」という問いには答えづらいけれど、「ほかの人に勧めたいか」であれば素直に答えられるという心理が元になっています。

ちなみに、従業員満足度の指標として、「ｅＮＰＳ[SM](Employee Net Promoter Score)」というものがあります。「ほかの人にこの会社を勧めたいか？」という質問があり、弊社でも活用しています。

同様の考え方で、ターゲットに「この商品を友達に勧めたいか？」と聞きます。「勧めたい」と返ってきても、それが本心かどうかはわかりませんし、勧めたい理由がわからなければ、再現性がありません。**「どんなときに友達に勧めたくなるか」「なぜ勧めたいのか」「何人に勧めたいのか」まで言語化**します。

例えば、コーヒーを消費したときのイメージが「おいしい」では不十分です。「誰と飲みたいですか？」「誰にお勧めしたいですか？」「それはなぜですか？」。その答えが明確でなければ、まだエモシチュエーションの磨き込みが足りていないと考えましょう。

「エモ体質」になるための習慣

日常のエモを探す「エモフィルター」

本章では、エモシチュエーションの考え方について、お話ししてきました。エモシチュエーションはみんなで考えるもので、時間や空間を準備する必要があります。そのとき急に「さあ考えよう」となってもなかなか発想できない場合もあります。

普段から「エモ」を探す意識を持つことが必要です。「エモ体質」になるための習慣です。

エモを探すためには、まずは自分自身が幸せな状態でなければいけません。自分が幸せではないときに幸せなことを考えるのは難しいでしょう。その時点で、自分事化できなくなってしまいます。

自分が幸せであれば、周囲の幸せにたくさん気付くことができます。自分がネガティブだったら、悪いところにばかり目が行きます。幸せな状態でいることでエモを見つけやすくなりますし、幸せな状態だからこそ見つけられるエモがあります。

幸せな状態でいるための1つ目の方法は「エモフィルター」を通して日常を見ることです。

ある事象をポジティブに見るか、マイナスで見るかは本人の主観によります。赤信号に2回連続で止められたときに、**「うわ、また赤かよ」**と感じる人は多いと思いますが、実は青信号を2回連続で渡っていたときもあるはずです。そのとき**「やった、また青だった」**と感じられる人は少ないのではないでしょうか。これはもったいないことです。後者の考え方をするほうがハッピーです。

どんなことでも問題ありません。駅の改札を通るとき、「あれ、チャージしてたっ

「エモフィルター」を通して日常を見る

け」と思いながらカードをかざして、「あ、入ってた」となる。それを「お、ハッピーを見つけた」と考えます。そうやって過ごしていると、肌感覚ですが1日に5から10は小さなハッピーを見つけることができます。

人に対しても同じです。僕はあるとき「嫌いな人にウザイって言う暇があれば、好きな人に好きって言おう」という言葉を、自分の生き方の軸に置くと決めました。そこから人生が大きく変わっています。

この言葉を実践しようとしたときに、まず、会う人を褒めるようにしました。褒めるためにはその人のいいところに目を向けなればいけません。**どんな人に会っても、その人のいいところを3個見つける**ように意識します。

そうして見つけたいいところを、自分でも真似してみます。つまり、1人と会うだけで、自分にいいところが3つできる。すると、自分自身も勝手に幸せになっていきます。

スマホの写真を見て思い出を振り返る

もう1つ、僕がエモ体質になるために日常的にやっているのが、思い出を振り返ることです。いまの日常を探すだけでもハッピーが見つかるのだから、過去にはたくさんのハッピーを感じてきたはずです。それを思い出します。

ただ、これまで意識していなかった幸せを思い出そうとしても、難しいと思います。そこで、エモを思い出すための媒介を探します。

例えばスマホに保存している写真を遡ってみます。すると「あー、こんなことがあったな」といったシーンが出てくると思います。自分の過去の写真に対して、自分は共感するはずです。かつ、写真を残しているということは、幸せな状態である可能性も高い。これだけでエモ体験ができます。

なかには、どんなときに撮った写真か思い出せないこともあるかもしれません。そうすると、自然と「なぜこの写真を残しているんだっけ?」と考えます。直感的に残したものも多いと思いますが、何かしらポジティブな理由があるはずです。

例えば、友達と写った写真があるけれど、何をしたときのものかわからない。「何か楽しいことがあったんだろうな」と考えて写真を見ると、「○○駅」で撮ったと気付く。そこから、「ああ、そうだ。2人で映画を観に行ったんだ。全然面白くなかったけど、その後のご飯がおいしかったな」と思い出します。

こうしたことを繰り返すと、**意識的に「エモ」を探す思考になります**。エモ回路が繋がっていくイメージです。この感覚が、エモシチュエーションを考えるときに生きてきます。

エモの最上級は「プレゼント」

エモの最上級は、誰かにプレゼントをすることです。**「あの人にこんな理由でプレゼントをしたら、こんな反応をしてくれるだろうな」というアプローチは、エモマーケティングそのもの**です。誰かにシェアしたい、買ってあげたいという意識がエモを広げていきます。

心理学では、**「自分に使うお金の額と幸福度に相関関係はないが、他人に使うお金**

と幸福度は比例する」といわれています。自分にいくら投資しても幸せになれないけれど、人にプレゼントをすればするほど、自分の幸福度が上がるわけです。

こうした点から、プレゼントを習慣にするのもいいと思います。知人に、「プレゼント貯金」をする人がいます。例えば「毎月5000円」と予算を決めて、誕生日やお祝いに限らず、誰かにプレゼントをすることに使うそうです。友人でも恋人でも家族でも、今月お世話になった人でもいい。幸せのコミュニケーションの中でエモが生まれていきます。

さて、本章では、「エモシチュエーション」の考え方についてお話ししました。マーケティングの過程としては、このシチュエーションを元に、消費者に発信していくことになります。

主な方法としては、ショート動画です。第4章では、動画の作り方から、その発信方法について考えます。

第4章

小さな幸せを可視化する「エモクリエイティブ」

最も拡散を生みやすい媒体は

エモは映像で伝えるのが有利

「エモシチュエーション」を発信していく上でまず意識すべきなのは、**エモマーケティングとは、消費者とのエンゲージメントを高めるための施策**だということです。商品やサービスを実際に「買ってもらう」方法、いわゆる「刈り取り」の部分は、別の施策を考える必要があります。

従来、広告を使えばある程度認知度を上げることができ、売り上げとしても成果が出ていました。広告はいまでも短期的には効果がありますが、「広告で売る」を続けていれば、広告嫌いなZ世代が消費の中心になったときに転換しようとしても難しくなってしまいます。**いまのうちから長期的な対策が必要**です。

これまで、多くの人たちに発信するためには、資金力のある企業が広告に資本投下することしか方法はありませんでした。それがいまはSNSによって小さな会社でも勝負できるようになっています。

エモマーケティングの手法としても、**SNSを通してショート動画を発信**します。エモは、五感で感じるものであり、言葉で伝えることは難しい。言葉で理解したとしても、味や温度や香りを思い出すことで、エモを感じるわけです。ただし、可視化という点では再現性を持たせることができます。それを伝えやすいのが、動画です。ただ、店舗ビジネスなど、職種によっては動画での発信が合わない場合もあると思います。また、動画で訴求できるビジネスでも、リアルでの接点があったほうが有利な場合もあります。そのため、SNSについてお伝えした後に、**オフラインでの施策についてもお話しします。**

「フォロワーファースト」と「コンテンツファースト」

いま、主に使われているSNSは、LINE、Twitter、Instagram、TikTok、YouTube、それにFacebookです。ただし、エモマーケティングではZ世代を対象にするという点でFacebookはユーザー数が少ないため、除外します。

結論からお話しすると、**本書のノウハウでメインに扱うのはTikTok**です。

どのSNSを使うべきかを考える根拠となるのが、各SNSが「フォロワーファースト」か「コンテンツファースト」かの違いです。

フォロワーファーストとは、フォロワーを優先した情報発信です。投稿を見る相手が自分のアカウントを知っていることを前提に、フォロワーのためになる情報を届けます。当然、フォロワーに多く見てもらうことができます。

コンテンツファーストは、コンテンツありきの情報発信です。届けようとする情報そのものに価値を持たせ、相手がフォロワーかフォロワー以外かにかかわらず、全方位に向けて発信します。つまり、潜在顧客を広げるためには、コンテンツファースト

フォロワーファーストとコンテンツファースト

フォロワーファースト

フォロワー向けに、フォロワーの興味を引く情報を発信。
フォロワー以外には拡散しづらい

コンテンツファースト

受け手がフォロワーであることを前提とせず、
誰にでもわかる情報を全方向に発信。
クオリティの高いコンテンツであれば拡散力が高い

のＳＮＳを活用したほうが有利です。

まず、ＬＩＮＥは完全にフォロワーファーストです。友達登録している人以外に拡散することはほぼありません。それ以外のＳＮＳは両面の機能がありますが、フォロワーファーストが強い順に、YouTube、Instagram、Twitter、TikTokです。それぞれ、見ていきましょう。

・YouTube

YouTubeのユーザーは、登録していないチャンネルを見ることもありますが、自分の好きなチャンネルを見るという使い方がメインです。発信者としても、**不**

各SNSの分類

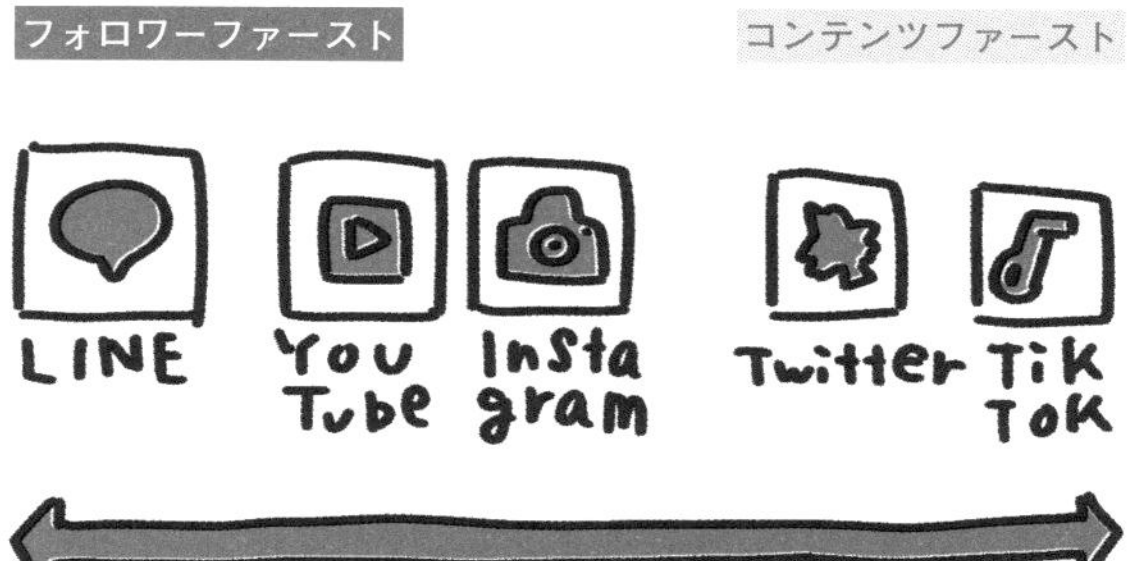

特定多数の人に向けた動画ではなく、チャンネル登録してくれている人に向けた動画を作ります。そのため、「知らない人への拡散」には不向きです。エモを伝える動画を作るということとは別に、チャンネル登録者数を増やすアプローチが必要なわけです。

それに、YouTubeへの投稿はハードルが高いと言えます。動画を撮影して、編集して、キャプションを付けてと、複数の工程を経なければいけません。動画を作るという点ではTikTokも同様ですが、一般的にYouTubeのほうが長尺で、より高いクオリティが求められます。

YouTubeが流行ったとき、たくさんの企業がチャンネルをつくりました。しかし投稿してもすぐに多くの人が見てくれるわけではありません。運用の手間はかかるけれども、効果は出ない。そうして「同じコストをかけるなら広告のほうがいい」と考え、次第に投稿しなくなっていきます。結果的に、誰も見ないチャンネルが量産されるようになりました。

・Instagram

Instagramは、フォローしているアカウントの投稿も、フォローしていないアカウントの投稿も配信されます。ただ、Z世代にとって「インスタは友達とのツール」という意識が強くあります。Z世代の投稿はストーリーズがメインであり、ストーリーズはフォロワーにしか配信されません。

フィード投稿であればフォロワーではない人にも拡散されますが、Z世代はあまりフィード投稿をしません。統計があるわけではありませんが、1週間に1度フィード投稿する人が、100人中2人いるかどうかくらいの感覚です。一見、フィード投稿でも若年層の投稿が目立ちますが、その多くは、いわゆるインフルエンサーによるものです。

「インスタ映え」が流行したとき、みんな「映える」写真を投稿していました。しかしそれが続くことで、見栄を張ることに疲れてきた。それよりも、24時間で消えるストーリーズのほうが気楽でいいという背景があるように思います。

Instagramでは「ハッシュタグ」によって拡散を狙う方法もありますが、もうあまり効果がありません。

「タグる」という言葉が流行ったように、数年前まではユーザーが「＃渋谷カフェ」というように探すことが主流でした。それに合わせて、投稿側も検索してもらいやすいタグを付けるようになります。

どんなタグを付ければ拡散するか、というノウハウが出てくることで、みんなたくさんのタグを付けて投稿するようになりました。結果的にノイズが多くなって、自分の欲しい情報を探しづらくなっています。

そうした変化を経て、Instagramで情報を探すという意識は薄くなっています。

・Twitter

「Twitterは、フォローしていないアカウントの投稿も「おすすめ」として配信されますし、リツイート機能でフォローしていない人の投稿を知ることもあります。拡散力の高いSNSですし、文章も画像も動画も投稿でき、表現の幅も広いツールです。

ただし、**発信者のフォロワーが一定数いなければ、拡散が生まれません。**「バズ」というとTwitterを想像する人が多いと思いますが、一次的に拡散してくれる人が少なければ、その先の拡散も小さいわけです。広告であればそれなりに回りますが、フォロワーの数が少ないアカウントが通常投稿をしても、なかなか広がりません。

また、フォロワーからの拡散を狙うため、フォロワーに刺さる発信をしなければいけません。Twitterで拡散を狙うためには、まずフォロワーに刺さりつつ、新規にも刺さるコンテンツを作らなければいけなくなります。

・TikTok

TikTokは、ほかのSNSに比べて潜在顧客に打つ上で圧倒的に有利です。

フォローしているアカウントの投稿と、多くのユーザーに見られている「おすすめ」がタイムラインに並んで表示されます。

この点ではTwitterも同じですが、細かな部分が少し異なります。Twitterでは、自分がフォローしている人が「いいね」などをした投稿が「おすすめ」に表示されます。対してTikTokでは、自分がフォローしているかどうかに限らず、不特定多数の人に多く見られている投稿が「おすすめ」に表示されます。**「自分とは無関係だけれど、多くの人が見ている投稿」**をチェックできるわけです。

発信者はフォロワーかどうかの区別なくみんなに刺さるコンテンツを発信し、ユーザーとしても「自分の知らないアカウント」を探す意識で使うことの多い媒体です。

加えて、ユーザー層や発信者にZ世代が多いSNSです。TikTokを運営するByteDance社はユーザーに関するデータを発表していないため正確にはわかりませんが、若年層にユーザーが多いというのは間違いないでしょう。

それに、**TikTokには「のめり込みやすい」という特徴があります。**

まず、TikTokは〝ながら見〟に向い

TikTokはのめり込みやすい

音声ON	160%
全画面視聴	162%
ながら視聴	50%

%＝主要プラットフォーム3社平均比

ByteDance「TikTokビジネスアカウントプレイブック」（2022年5月）より

ていません。例えばYouTubeであれば、料理をしながら、勉強をしながら見るといった人も多い。しかしTikTokは放っておくと短い動画が延々とループします。常に意識を向けていなければならず、そのぶん集中しやすくなります。

また、InstagramやTwitterは音がなくても楽しめますが、基本的にTikTokは音（音楽だけではなくセリフなども含め）も合わせて楽しむもので、イヤホン状態で見る人が多い。画面をスクロールしなければならず、周囲の情報が遮断されることで、のめり込みやすいと言えます。

TikTokからInstagramのリールとYouTubeショートへ

こうした理由から、エモマーケティングではTikTokをメインに考えます。ただ、複数のSNSに配信したほうが、当然たくさんの人の目にとまります。SNSの種類によってユーザー層は異なりますし、見る目的も違います。よりたくさんのチャネルで発信できたほうが有利です。

理想を言えばすべてのSNSで発信できればいいわけですが、リソースの面からは難しいでしょう。そこで、**TikTokで配信した動画をInstagramのリールとYouTubeショートに転用**するという方法を取ります。これは、TikTok用に作ったタテ型動画を、そのまま使えるからです。

このとき間違えてはいけないのは、TikTok用に作った動画をInstagram・YouTubeに転用するという順番です。逆に**Instagram・YouTubeで伸びた動画をTikTokに転用しても、拡散はあまり期待できません**。

なぜなら、先ほどお話ししたように、YouTubeとInstagramはフォロワーファーストの強いSNSだからです。

普段からフォロワーに向けて配信する媒体なので、フォロワーだけが知っている情報を載せても違和感がありません。ある企業がInstagramやYouTubeに「○○の新商品が出ました」と投稿すれば、フォロワーの間では「新しい商品が出てる！」と視聴数が伸びていきます。しかしこれをTikTokで発信しても、「○○って何？」ということになってしまいます。見ている人の認知度が大きく違うわけです。

まずはTikTokで伸びる動画を作って、それを転用する。その結果、InstagramやYouTubeでも再生されて、フォロワーが増える。こうした流れを基本にします。

転用の順番が逆ではいけない

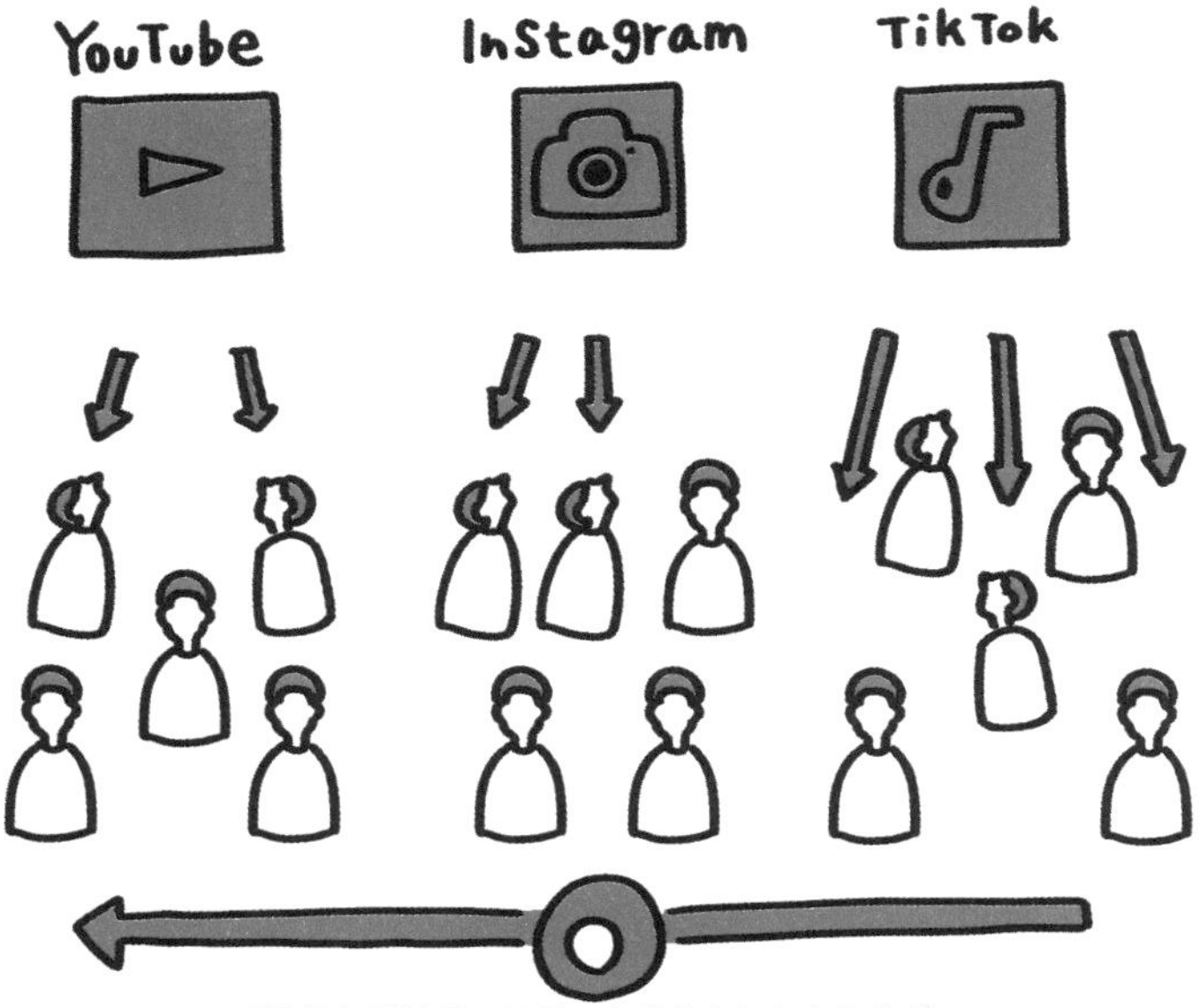

TikTokではフォロワーかどうかにかかわらず、
全方向に向けて情報を発信。そこで伸びたものを転用することで、
Instagram・YouTubeでも多くの人に届く可能性がある

YouTube・Instagramでは、
フォロワー向けに、フォロワーの興味を引く情報を発信。
そこで伸びたものをTikTokに転用しても、
フォロワー以外に届くかは未知数

「エモ脚本」を作る

外してはいけない4つのポイント

ここから、エモマーケティングのためにどのような動画を作ればいいかを考えていきます。

大枠の流れとしては、第3章で考えたエモシチュエーションを元に脚本を書いて、撮影します。5つのエモシチュエーションがあれば、5つの動画を作ることになります。

まず、**動画の時間としては30秒くらい**で考えます。簡単に言えば、テレビCMを

TikTokで発信するイメージです。

消費者は毎日膨大な情報に触れています。1つのコンテンツに使う時間は長くありません。それに、エモが生まれる時間は瞬間的なものです。映画や小説を読んで感動するということではなく、もっと日常的な出来事です。表現としても瞬間的に伝えることで、共感が生まれます。

脚本を考える上で押さえておくべきポイントは4つです。

①自然体であること

脚本を考える上での1つ目のポイントは、自然体であることです。違和感がない、無理やり感がない、わざとらしくない、リアリティのある表現です。

後ほど触れますが、この点で、**エモを伝えるために必要なこと以外、脚本には織り込まない**ようにします。具体的に決めれば決めるほど、違和感は生まれやすくなります。また、セリフも細かくは決めません。大枠だけ設定して、出演者にアドリブで会話してもらいます。**日常にある小さな幸せを、過剰演出せずに、そのまま伝えます。**

②誰にでもわかる表現であること

2つ目のポイントが、見る人すべてに伝わる言葉で表現することです。この点で、**「小学3年生に伝わる言葉」**で伝えると説明しています。

まず、**表現として平易であること**です。難しい言葉を使ったり回りくどい表現をしたりするのはNGです。

加えて、多くの企業が間違えてしまいがちなのが、「〇〇（商品名）がリニューアル！」「〇〇（企業名・ブランド名）が新商品を出しました」といった表現です。そうした発信が届くのは、相手が自分の会社やブランド、商品を知っている場合だけです。潜在顧客を顕在化することはできません。

そもそも、機能価値を感じないZ世代は、どの企業の商品であっても受ける印象に大きな差がありません。「知らない状態」を「知っている状態」に変えることが、エモマーケティングです。潜在顧客を捕まえるためには、**見ず知らずの人でも理解できる表現**にしなければいけません。

③ノイズがないこと

エモクリエイティブはその情景を感じさせるものです。ポイント①とも重なりますが、必要なのは、そのシーンがいちばんエモく感じるための演出であり、不要な情報を伝えないようにします。

ひと言で言えば、**「調べればわかること」は入れません**。商品の金額や原材料、どこで買えるかなどです。ネット上に価格やスペックなどがわかるページを作り、リンクだけ表示しておきます。

オフラインの商品であれば、それらの情報をシンプルに書いた紙を添えておくだけで十分です。また、アレルギー情報などの法律上必要な情報も、見ればわかる状態にしておきます。

消費者は、欲しいと思えば自分で情報を調べます。特にZ世代は、自分の欲しい情報を自分のペースで見ることのできる環境で育っています。それにもかかわらず、急に出てきて「この値段です！」と言われても、拒否感を覚えてしまうわけです。

④余白があること

見た人の頭の中で「想像」させるためには、余白が必要です。エモは自己解釈の世界です。**すべてを具体的に決めるのではなく、解釈の幅を持たせておきます。**

極端な例では、登場人物が母親を「ヤマダナオコ」と読んでしまえば、余白がありません。「お母さん」と呼ぶから、見ている人が自分を投影できるわけです。できるだけ情報を少なくして、情景を想像できるようにします。

例えば「気持ちよく目覚めてカーテンを開けた」までは表現しますが、それで**登場人物がどう感じたかは明確にしません。**シャンプーであれば、「お風呂は自分に向き合える唯一の場所」とまで説明しても、そこで何を感じるかは表現しません。

加えて、エモシチュエーションを表現するだけではなく、**その先を想像できるような設定が理想**です。1つのエモシチュエーションがあったとき、その一瞬だけハッピーということはないと思います。

例えば、「朝すっきり目覚めた」だけではなく、「天気がいい」「目覚めがよくて気分が晴れたから人に優しくできた」「いつもは食パン1枚だけど、今日はサラダも食

エモ脚本の4つのポイント

1 自然体であること

・わざとらしくない表現。エモに必要なこと以外は入れない。セリフも細かく決めない

2 誰にでもわかる表現であること

・簡単な言葉で、自分たちのブランドを知らない人にも理解できるように

3 ノイズがないこと

・商品の金額や原材料、どこで買えるかなど「調べればわかること」は入れない

4 余白があること

・見た人の解釈の幅を持たせる。感情まで言語化しない。そのシチュエーションの先を見せるのが理想

べた」「1日元気で働いて、いつもより早く仕事が終わった」といった、連鎖を想定できるのが理想です。シチュエーションが多いほうが共感の総数も多くなります。

絶対に設定すべき5つのこと

先ほど、脚本の要素は細かく決め過ぎないことが大事とお話ししました。しかし、何も決めないのでは脚本になりません。まず、最低限決めておくべき要素としては、見た人にどのように感じてもらいたいか、といった「狙い」と、「エモのフレームワーク」でも紹介した「4W1H」です。

①狙い

見た人に、どのように感じてもらいたいかを明確にします。エモシチュエーションを通して、何を伝えたいのか。加えて、例えば商品のPRやブランディングという視点で、企業・ブランドとして何を訴求したいのかを考えます。

②いつ（When）

そのエモシチュエーションが、どんなときのものなのかを考えます。多くの場合「学校から帰るとき」「お昼」といったようにざっくりと決めますが、表現したいエモシチュエーションによっては、より細かな設定が必要なこともあります。

例えば「夕日を見ながらの会話」というエモシチュエーションを考えたとき、16時の夕日と18時の夕日では雰囲気が大きく異なります。具体的な日時を決めることで、共通認識を持つことができます。

③どこで（Where）

例えばエモシチュエーションが友達とカフェでコーヒーを飲んでいる場面であれば、「カフェ」というだけでは不十分かもしれません。学校の近くのカフェ、遊びに行った原宿のカフェというように、その場所がエモの要素になっている場合もあります。あるいは、そこには、どんなテーブルや椅子があるのか、ほかにお客さんがいるのか、といった環境も細かく設定する場合もあります。

④誰と（Who）

エモとは、「ハッピーな共感」です。自分自身を投影できるように、脚本は基本的に一人称で考えます。「AさんとBさん」ではなく、「自分と誰か」の構図です。

誰とのコミュニケーションを通してエモが生まれているのかを設定します。

⑤何を話していたか（What）

脚本を考える上で、セリフが最も難しい要素です。言語化できないエモを、「言葉」としてどこまで表現するかです。

基本的に、具体的なセリフまでは設定しません。エモのシチュエーションとオチだけを決めて、あとは自由にコミュニケーションしてもらいます。

例えば「このドリンクおいしいよね」というセリフにしたら、そこで限定されてしまいます。実際には「これうまくない？」なのかもしれないし、「これ飲んだことある？」かもしれません。

脚本はあっても台本は必要ありません。細かいところはアドリブありきで、それぞれ自然な会話をしてもらいます。

⑥ハッピー

そのエモシチュエーションを通して、どんなハッピーが生まれるのかを定義します。細かな部分は見る人によって受け取り方は異なりますが、大枠としてどの部分が共感ポイントなのかをはっきりさせていないと、実際に撮影する際にズレが生まれてしまいます。

次ページからは、参考に脚本の例を紹介します。また、どれくらいまでセリフを決めるのかを考えるため、実際に配信された動画のセリフも合わせて紹介します。

脚本例　SHAKE SHACKアカウント（施策の目的：認知拡大〈採用含む〉）

バイト先の天然な先輩と他店舗に行ったらまさかの……

◀https://www.tiktok.com/@shakeshack_jpn/video/7207727672292642049

①狙い：店舗の特徴（テラス席など）を伝えつつ、アルバイトメンバーの仲の良さを通して、勤務中にとどまらない魅力も訴求する

②ハッピー（Happy）：バイト先の先輩と遊びに行くという、プライベートと仕事の間のドキドキ感。先輩の制服姿と私服とのギャップに感じる魅力

③いつ（When）：2月の終わり、春の訪れを少し感じる季節

④どこで（Where）：SHAKE SHACK外苑いちょう並木店のテラス席

⑤誰と（Who）：同じお店で働く憧れの先輩かんなさんと

⑥何を話していたか（What）：

【脚本上での設定】

僕：集合場所で待ち合わせる。先に着いて先輩を待っている

僕：先輩の私服と制服のギャップに心打たれる
　SHAKE SHACK外苑いちょう並木店へ移動

僕：自分たちが働いている店にはないテラス席の良さについて話す

かんな：おいしそうにバーガーを食べる（少し天然を盛り込む）

僕：そのバーガーは自分たちがいつも作っているものと同じだというツッコミ

僕：先輩をデートに誘う

かんな：この後バイトだからと断る（バイトを楽しみにしている）

【キャストがアドリブで演じたセリフ】（一部抜粋）

僕　　　駅前でかんなさんを待っている
かんな　「おつかれー」
僕　　　「かんなさん、お疲れ様です！」
かんな　「ごめん遅れて!!」
僕　　　「いや全然大丈夫ですよ！」
　　　　２人で店に移動。テラス席にいるかんなさんに商品を持っていく
僕　　　「かんなさんお待たせ！」
かんな　「ありがとう！　めっちゃ美味しそう！」
僕　　　「美味しそうっすね、いつも作ってますけどね！」
かんな　「まあね、そうなんだけど…w」
　　　　食べ終える
僕　　　「美味しかったっすね！」
かんな　「美味しかったー！」
僕　　　「次どっか行きます？」
かんな　「次？　映画とか行く？」
僕　　　「映画!?　めっちゃいいっすね」
かんな　「待って今何時？　3時じゃん」
僕　　　「見たい映画あって…」
かんな　「私今日4時からシフトなんだよね。ごめん！」
僕　　　「えっ？」
かんな　「行くわ！」（立ち去る）
僕　　　「かんなさん…？　かんなさん!!」

脚本例　タップルアカウント（施策の目的：好感度向上）

幼馴染の友達とご飯食べてたら元カノを発見しました...

◀https://www.tiktok.com/@osakatsu_tapple/video/7113867989627325698

①狙い：女性が交際相手の元カノと出会ったときに嫉妬する“あるある感”を演出

②ハッピー（Happy）：嫉妬して見せた幼い一面を相手が肯定してくれるうれしさと、仲直りした瞬間の楽しい雰囲気

③いつ（When）：幼なじみの2人でお出かけして、ご飯を食べていたとき

④どこで（Where）：カフェのテラス席

⑤誰と（Who）：幼馴染のしゅんと

⑥何を話していたか（What）：

【脚本上での設定】

しゅん：元カノを発見する

さや：「かわいいね」とそっけない一言

しゅん：会話をそらす

さや：不機嫌な対応をする

しゅん：ご機嫌を伺い、フォローする

さや：照れる

さや：「奢って」とお願いする

しゅん：奢る代わりにさやに変顔を要求する

さや：要求に応える

【キャストがアドリブで演じたセリフ】

しゅん　「あっ…」
さや　「なに？」
しゅん　「元カノ…」
さや　「どこ？」
しゅん　「あそこ。」
さや　「へえ〜〜〜。あれ元カノなの？」
しゅん　「うん…」
さや　「へえ〜〜〜。可愛いね。ふ〜〜ん。」
しゅん　「これ飲む？」
さや　「なにそれ」
しゅん　「ハニーアンドミルク」
さや　「いや、いい。いらない。牛乳嫌いだし」
しゅん　「え？　そうなの？」
さや　"ドンッ"（ドリンクを強くテーブルの上に置く）
しゅん　「けどハニーうまいよ。カフェラテ飲んでるやん」
さや　「カフェラテは平気なの」
さや　"ドンッ"（ドリンクを強くテーブルの上に置く）
しゅん　「怒った…？」
さや　「なにに？　怒ってないよ」
さや　「なに？」
しゅん　「俺はさやのほうが可愛いと思うけどね」
さや　「むふふふwww　だっる!!　やば!!　ねぇww」
さや　「じゃあ、ここ奢ってください！」
しゅん　「変顔したらw」
さや　「やだwww」
しゅん　「変顔したら、奢ってあげるw」
さや　「なんでだよ！w」
しゅん　「3・2・1」
さや　（変顔をする）「wwww」
しゅん　「いや、変顔舐めすぎ　wwwww」
さや　「だる!!!」

シチュエーションに合わせて決めること

以上が脚本の基本的な要素です。加えて、エモシチュエーションを伝えるために必要な、その他の要素を考えます。一概には言えませんが、主に次の3つです。

①裏設定

具体的に動画の中では表現しないけれど、登場人物の裏設定を決める場合があります。例えば職業、年齢、趣味、好きなブランドなどです。

これはキャラクターにリアルさを持たせるためです。動画に出演する人にとって、背景がわかっている相手とわかっていない相手とでは、出てくる会話が違うはずです。ただ、必要以上に細かく決めるとかえって演技っぽさが出てしまうので、エモを表現するために必要な場合に限って、必要な部分だけを設定します。

例えば、部下が上司と食事をするシーンを、エモシチュエーションにするとします。そのとき、上司が知的なリーダータイプなのか、ちょっと天然なところのある楽しい人なのかで、生まれる会話はまったく異なるはずです。「知的な上司の言葉」「明るい上司の言葉」がエモのポイントになっているなら設定しますが、その部分も見ている側の想像に任せたい場合は、設定をしません。

裏設定はどんなキャストを選ぶかの基準にもなりますし、関係者の共通認識を持つためでもあります。わかりやすいのは、有名な芸能人にたとえることです。「綺麗な人」「カッコいい人」といっても、人それぞれにイメージする人は違いますが、具体的な人物にたとえることで、共通のイメージを持つことができます。

②ナレーションやテロップ

言葉より映像で伝えるほうが効果的です。動画で伝わる部分は、言葉では表現しないようにします。

まず、登場人物のセリフだけでシチュエーションが伝わるように考えます。ナレーションを入れるとどうしてもリアルなイメージが崩れてしまうため、基本的には入れません。テロップなど、文字による表現も同様で、セリフが字幕になるのは問題ありませんが、キャッチコピーやモノローグなどは極力避けるようにします。

③音楽

音楽については、入れたほうがいい、入れないほうがいい、といったことはありません。ジャンルなども雰囲気に合わせて自由に考えて問題ありません。

ただ、エモシチュエーションとは無関係の歌詞が頭に入ってくるような曲だと、大きなノイズになります。あくまで引き立て役だと考えて、別のイメージが加わらないように意識します。

一方で、音楽そのものがエモに繋がる場合もあります。その人の過去を思い起こさせる上で、音楽は強力です。僕はＧＲｅｅｅＮの「キセキ」を聞くと、中学校のときに車の中で歌っていたことを思い出します。合唱コンクールで歌った歌であれば、当時の状況を思い出すでしょう。エモシチュエーションに音楽がひも付いている場合は、その力を最大限に生かします。

以上、脚本として決めるべき要素についてお話ししました。こう説明すると難しいようですが、シチュエーションさえ決まっていれば、それほど難易度は高くないはずです。

映像の質ではなく「リアルさ」にこだわる

キャストは有名人でなくていい

具体的な登場人物のいるシチュエーションの場合は、キャストが必要です。まったくの素人ではやはり無理があります。多少費用がかかってでも、社外の人に頼むべきですが、有名な役者やタレントである必要はありません。

まず、TikTokはコンテンツファーストのSNSです。見る側も、「この人が出ているから見る」という意識ではありません。それに、多くのZ世代の特徴として「みんなが知っている有名人」にそれほど好印象を持たないということもあります。むしろ、**〝推し〟というように、自分だけが知っている人のほうに価値を感じます**。弊社での経験則からも、出演者のフォロワーの数と視聴数は比例しない傾向です。

キャストは演技経験のある人がベストですが、なくても問題ありません。「モデルやインフルエンサーとして活動しているけれど、それほど有名ではない人」くらいの基準で依頼してみましょう。演技が上手過ぎると、ナチュラル感がなくなってしまうということもあります。あくまで日常的に、**友達の日常を撮っているくらいの感覚**で考えます。


インフルエンサーを探すときは、まずはSNS上で検索します。普段の投稿を見て、自社のエモシチュエーションに合いそうかどうかをある程度判断します。

そこから依頼するわけですが、**必ず直接面談をする**ようにします。**キャストの第一条件は、エモ脚本に共感してくれる人であること**です。エモシチュエーションを聞いたときに、「よくわからないけどやります」という人では、どうしてもわざとらしさが出てしまいます。面談で実際にエモ脚本を読んでもらい、共感してもらえるかどうかを確かめましょう。

撮影・編集はプロに依頼する

キャストさえ見つけることができたら、自分たちでも撮影や編集ができます。リアル感のある演出という意味での質の高さは大事ですが、よくできた映像、綺麗な映像である必要はありません。あまりに整った映像は、かえって広告感が出てしまいます。機材にこだわる必要もなく、スマホでの撮影で問題ありません。編集が必要な場合も、スマホのアプリなどで十分です。

ただ、実際のところは、やはり自分たちでやるのは無理が出る場合が多いと思います。クオリティやスキルではなく、リソースの観点からです。

動画の投稿頻度は月に12本ほどが目安です。前述の通りTikTokで投稿して、InstagramのリールとYouTubeショートに流用します。この数でなければいけないというわけではなく、リソースに余力があるなら、毎日投稿してもいいと思います。ただ、現実的にはなかなかそうはいかないと思います。

それぞれの脚本には統一感も必要ですから、できれば同じ人が担当したほうがいい。

脚本を考えてキャストにお願いをする。撮影場所や小道具などを準備して撮影をして、編集をする。一連の作業を考えれば、月に2回程度、それぞれ6本程度の撮影が現実的です。この数でも専属の担当者が必要になると思います。

僕たちがサポートさせていただいているアカウントの多くは、もともと自社で運用されていました。TikTokへの対応という点では、ほかよりも早く取り組んでいた企業ばかりです。それでも、自社だけでは厳しいとなったから、弊社に依頼があるわけです。

TikTok運用は、TwitterやInstagramに比べて難易度が高いと言えます。**失敗の多くは、上の人に「若いんだからやってみろ」「スマホでできるだろ」と言われることから始まります**。簡単にできると思っても、実際に効果はなかなか出ません。

担当者がもともとTikTokで投稿している人であればまだいいけれど、そうとも限りません。TwitterやInstagramは何となくやっているけれど、TikTokはアプリのダウンロードすらしていないという人も多いのではないでしょうか。よくわからないアプリでよくわからないままにやっていても、どうにもなりません。

最低限、エモを表現するために脚本までは自分たちで考える必要があります。しかし、撮影や動画編集はプロに任せたほうが効率的です。「SNSだから」と考えると誰でもできそうですし、お金を払うことに抵抗感もあるかもしれませんが、**これから必要なマーケティングの一環と考えて、しっかりと投資すべき**です。

数値分析の考え方

僕たちが企業から相談を受けるときに多い課題は、Z世代にリーチするためにTikTokでアプローチしたいけれど、どうやっていいかわからない。どうやってフォロワー数を増やせばいいのか、といったものです。

しかし、ビジネスの最終目標は、フォロワーを増やすことではなく、商品が売れることです。**商品が売れるために必要なのは、エンゲージメントの蓄積**です。企業・ブランド・商品と消費者の間に、繋がりをつくって強くしていくことです。

フォロワー数を増やすことだけが目的になってしまうと、例えばプレゼントキャンペーンで無理やり伸ばすという発想になってしまいます。そうしてフォロワーが増えたとしても、本当に買ってくれるとは限りません。

そこで、「そもそもKPIをフォロワー数だけに置いてはいけない」という話から入ります。基準にするのは、フォロワー数に加えてインプレッション数（再生数）です。

具体的な考え方としては商品やサービス、そのもともとの認知度などによっても異なりますが、新しくTikTokを運用する場合、3カ月で次のような数値が基準になります。

- 投稿数：月に12本
- フォロワー数：5000人
- 再生数（全投稿の合計）：500万回

ハードルが高く思えますが、各投稿の平均を上げるのではなく、全投稿の中のいくつかの投稿をバズらせると考えましょう。TikTokでバズが起これば、1本当たり1

00万再生も非現実的な数値ではありません。

とはいえ、プロに外注できるか、どれだけのリソースを割けるかでも基準は変わってきます。思ったように伸びない期間は、フォロワー遷移率を基準にしてください。その期間のフォロワー増加数を再生数（期間中の投稿の合計）で割ったときの数値が、0・1%程度であれば基準内です。

大切なのは、投稿数ではなくコンテンツの質です。総再生回数が少なくても、それぞれの投稿がユーザーに届いていれば問題ありません。フォロワー遷移率が0・1%に届かない場合は、きちんとエモシチュエーションを伝えられているか、脚本で大事なポイントを外していないかなど、改めてチェックしてみましょう。

効果的な「刈り取り」の方法

TikTokからほかのSNSや自社サイトに誘導する

ここまでお話ししたように、普段のTikTok運用を通して、消費者とのエンゲージメントを高めます。ただ、そのなかでユーザーが商品を欲しいと思っても、TikTok上で買い物ができるわけではありません。**店舗情報や商品の情報がわかる自社サイト、あるいはECサイトなどへ誘導**する必要があります。

まず、TikTok上からほかのサイトへ誘導できる場所は、プロフィールのみです。フォロワーが1000人以下の場合は、「自己紹介」の欄にURLを書き込むことし

興味を持った人が自社サイトやECサイトに移動できるように

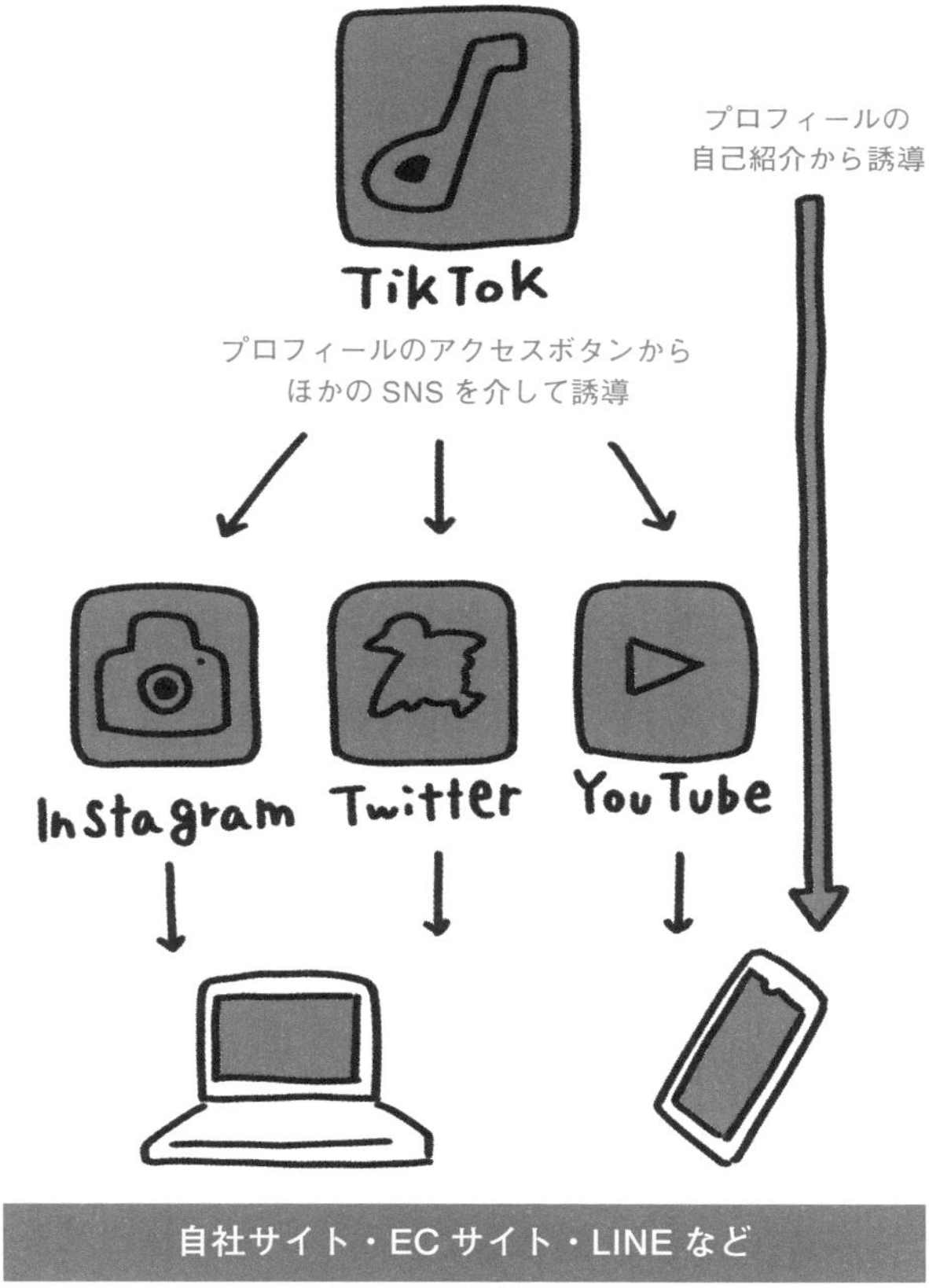

かできませんが、フォロワー数が１０００人を超えると、リンクを貼れるようになります。ここから自社サイトやＥＣサイトあるいはＬＩＮＥに誘導します。

また、TikTokのプロフィールにはInstagram、Twitter、YouTubeへのアクセスボタンを設定できます。そこからほかのＳＮＳを介して、同様に自社サイトなどに誘導します。ちなみに、広告で投稿した場合は、動画にリンクを貼ることができます。

広告はどのように活用すべきか

予算やリソースの中で、TikTokからInstagramのリール、YouTubeショートを運営する。それ以上のことができるなら、TwitterやInstagramの通常投稿もやるべきです。本書では詳しく触れませんが、TwitterにもInstagramにも、それぞれの強みがあります。各ＳＮＳを連携することで、より多くの人に発信できます。

ただ、その場合は**各ＳＮＳに合わせたやり方が必要**です。ノウハウを知らないままにやっても、やはり結果は出ません。できればこれらも含めて外注で一貫するのが理想です。

SNSマーケティングを網羅的に行い、まだリソースがあるなら、広告です。**理想論で言えば、広告に頼らずに売れるものをつくること**です。本当に良いブランドは、広告がなくても売れていきます。ただ、実際にそうしたブランディングを実現できる企業は限られています。

そうであれば本来、エンゲージメントを高めて購買へと導きたいところですが、それができないから、広告に逃げざるを得ないというのが実情だと思います。テレビCMや新聞広告といった従来の広告もあれば、SNSでの広告投稿もあります。

しかし、何度も触れているように、Z世代は広告を嫌います。SNSでのマーケティングをしっかりと運用した上で、どのように広告を生かせるかを考えます。

SNSマーケティングと比較した広告のメリットは、絞られたターゲットに発信ができること、お金の調整ができること、費用対効果を測れることです。普段はSNSでエンゲージメントを高めながら、例えば新商品が出るときに販促として使うという考え方です。

ただし、**広告の場合もエモは不可欠**です。TikTok用に作ったクリエイティブをそのまま広告にも運用する、あるいは刈り取りのために最低限必要な情報だけを加えて活用しましょう。

オフラインでのエモの伝え方

エモの核となる部分をストレートに伝える

ここまではSNSでの発信をお伝えしました。多くの企業では、オフラインでの販促もあると思います。

例えば中吊り広告や駅構内広告などの交通広告、各種看板や屋外広告、チラシ、商品のPOP、お店の空間。いろいろな考え方があります。それに、動画でマーケティングをしていても、リアルな接点があったほうが効果的です。弊社ではこれらの媒体はまだ実績が少なく効果検証まではできていませんが、エモマーケティングを応用できる部分はたくさんあります。

まずは、紙媒体や静止画についてです。動画であれば情報量も出せますが、オフラインの場合は静止画で考えなければいけないことが多くなります。ただ、**オフラインの場合でも基本は同じ**です。表現しようとしているエモシチュエーション自体は、動画と同じで問題ありません。基本的な注意点も同じです。自然体であること、わかりやすいこと、ノイズがないこと、余白があることです。

ただ、動画に比べて、エモシチュエーションの核となる部分をストレートに伝える必要があります。

例えば、「初契約のときに上司がペンをプレゼントしてくれた」というエモシチュエーションがあったとします。動画では、契約が取れた様子や上司との普段のやり取りが入ると思います。そうして状況を理解させた上で、プレゼントの場面を描くことになります。

一方で、静止画の場合は見た瞬間に状況を連想できる表現でなければいけません。設定した脚本をもとに、例えばペンの画像の上に「部長からもらった、初めての『おめでとう』」と文字を載せるなど、脚本を切り取るように伝えます。

こうした視点は、**チラシやPOP、ポスターなどにも応用することもできます**。例えばスーパーの広告で金額の安さや味を訴求するだけではなく、エモシチュエーションを少し入れてみます。

- **「親子で作るワガママチャーハン」のレシピ**
- **買い物カゴに勝手にお菓子を入れている子供の写真**
- **(ポイント3倍デー)「今日はお得だったから、いいおつまみを買ってきたよ」**

金額をシンプルに訴求するより、ハッピーな共感が生まれることが想像できるのではないでしょうか。

キャッチコピーは「人の言葉」に

昨今では、「テクノロジーの発達によって人間の仕事が奪われる」といったことがよくいわれます。コンテンツを作るという領域では、ＡＩが本を書くといったこともあります。

しかし、機械にエモはつくり出せません。機械に代替されない、人間しか生み出せないものは温かみです。伝えようとしている内容自体が温かいものであることはもちろん、伝え方にも温かみがなければいけません。

見てくれている人に対して、「人間」が話している。これは、商品やサービスと消費者との間のコミュニケーションです。ブランド側がモノであれば会話はできません、そうした点で**「ブランドの擬人化」**が必要です。

ブランドの擬人化はマーケティング全体で意識すべきですが、クリエイティブを作る上では、特にキャッチコピーでの意識が必要です。

例えば、紅茶を売りたいときに、「忙しい仕事の合間に、ひとときの休息を」という表現があったとします。エモを表現できていても、少し機械的な印象があります。押し付けるような伝え方ではなく、「人」が話しているように考えます。誰かに紅茶を勧めるのであれば、どう表現するか。少なくとも誰かに伝えるときに、「ひとときの休息」とは言わないはずです。

擬人化を考える上では、まず、ターゲットにとって「伝えられて嬉しい相手」を想定します。ターゲットは紅茶について誰から聞くと嬉しく感じるのか。恋人なのか、お父さんなのか、先生なのか。

この基準は、人によって異なります。そこでエモの発想の原点に戻って、ターゲットに聞きます。

「この商品について、誰に勧められたら嬉しい？」と聞けば、「お母さん」と言われることもあれば、「友達」と言われることもあります。

正解はありませんが、前者なら「紅茶でも飲んで一息ついたら？」といった表現に、後者なら「そんなに無理しないでもいいじゃん。少しおしゃべりしようよ」といった伝え方になるでしょう。「誰が伝えるか」によって、伝えたい内容は同じでも単語や言い回しが変わるはずです。

ブランドを擬人化する

ターゲットはその商品についての話を誰から聞きたいのか？

店舗などの空間をエモくする

買い物をする空間そのものにエモを応用することもできます。たくさんの視点がありますが、多くのお店で応用できる点では、次の3点です。

①誰かと一緒に行きたくなる

誰かと同じ時間を過ごすという場面では、コミュニケーションが生まれやすくなります。人と一緒に行きやすい工夫をしてみましょう。

- **親子で：赤ちゃん用の食器を用意する**
- **友達と：パスタやピザなど、シェアしやすいメニューを用意する**
- **カップル・夫婦で：誕生日プレートをサービスする**

これらは多くのお店でされていることと思いますが、大切なのは、お客様に「あの人と行きたいお店」だと思ってもらうことです。その狙いを明確にしましょう。

②リピートしたくなる

エモには「記憶」が内包されています。過去に訪れたことのある場所では、エモが生まれやすい。そうした点で、リピートしてもらえるかどうかはとても重要です。

リピートしてもらうためには、商品の質はもちろん、居心地のいい空間だと思ってもらうことが必要です。

以前、原宿の「BONDS DINER（ボンズダイナー）」という飲食店をプロデュースしたことがあります。その本店である両国の「ボンズハウス」というお店に初めて行ったとき、衝撃を受けました。とても居心地のいい空間で、お客さんは初対面同士なのにみんな和気あいあいと話しています。

このお店では、こんな工夫をされていました。

- 「名前ノート」を作ってお客さんの名前を覚える
- 予約のお客様に手書きのメッセージ
- 常連のお客様には「おかえり」と声を掛ける

「第二の家」をテーマに、お客さんが寛げる空間を演出しています。お客さんとスタッフの間でも、お客さん同士でもコミュニケーションが生まれる。このお店のリピート率は90％以上だそうです。

もっと長い時間軸でリピートできるお店であれば、なお効果的です。

僕が小学生のとき、単身赴任をしていた父に会いに、家族で名古屋に行ったことがありました。そのとき初めて鶏肉のお寿司を食べました。とてもおいしくて、学校の日記に書いたくらいです。

その記憶がずっと残っていて、先日、当時のお店に1人で行きました。どんな高級店だったのかと思えば、いたって普通の居酒屋でした。

こうした記憶を思い出すことも、「ああ、思ったより普通の店だったんだな」と感じたことも、少しハッピーです。

なかなかお店側が狙ってできることではありませんが、「10年ぶり」「20年ぶり」に訪れれば、誰でも懐かしく感じます。「何十年も続くお店」が多くの客を集めるのは、こうした理由もあるように思います。

③コミュニケーションが起きやすい

店舗の中にコミュニケーションが生まれる設計をしておくことも有効です。

細かなところでは、箸の袋にメッセージを入れている飲食店があります。お店からのメッセージを伝える効果もありますが「こんなこと書いてあるよ」という話が広がります。あるいは、レジの横にクイズが書かれている、喫茶店のテーブルにおみくじが置いてある、といったことも会話が生まれやすい仕掛けです。

弊社が手掛けたカフェでは、お店に「チェキ」を置いて自由に使ってもらえ

エモい店舗の３つのポイント

① ▶ **誰かと一緒に行きたくなる**
・「誰と来てもらうか」の狙いを明確にする

② ▶ **リピートしたくなる**
・お客様の「居場所」を設計する

③ ▶ **コミュニケーションが起きやすい**
・小物などでコミュニケーションを促す

るようにしていました。会話も生まれるし、後になっても振り返ることができる。お客様にも好評です。

「パケ売り」は難しい

ひと昔前は「パケ買い」という言葉があったように、見た目のよさで消費者を引き付けるということが有効でした。しかしいま、「パケ買い」は難しくなっています。心理学的に赤色が購買意欲を掻き立てる、といったようなことはあると思いますが、**「このパッケージだから買おう」という動機付けは難易度が高い**と言えます。

カッコいいパッケージ、おしゃれなデザインは山ほどあります。例えばドットのパッケージが流行ったとしても一時的なものです。それで売れたとしても、流行はコロコロ変わります。

多くの人に刺さるデザインが生まれない中でデザイン面を究極まで求めると、個人にしか理解されない領域に入ってしまいます。そこで消費者にアプローチしようと思えば、山ほどのデザインパターンでパッケージを作らなければいけなくなります。

このように、デザイン面で売り込むことは難しくなっています。逆に言えば、**嫌われる要素を減らしていけばいい**。そうすると、どんどん入る要素は少なくなっていきます。

以前、SUNTORYの「BAR Pomum（バー・ポームム）」の開発担当者である廣田佳代子さんとお話ししたときに、こんな話をされていました。

「ついこれまでの商品パッケージのように、『おいしいよ』『果実感があるよ』など、いろいろ伝えたくなるんですが、『どう感じるかは飲む側が決めるからいらない』とチームのZ世代メンバーにも言われました。そこで、自由に受け取ってくれたらいいという、多様性のようなことをデザインの『余白』でどうにか表現したいなと、情報はなるべくそぎ落としました」（日経クロストレンド「今瀧健登の『Z世代マーケティング』」第8回）

第2章でエッセンシャルのパッケージを紹介したように、デザインそのものにエモを表現する方法はありますが、そうでなければ、デザインはシンプルなものであるほうがいいように思います。

商品を通してコミュニケーションが生まれる設計を

なぜ消費者はSNSにアップしてくれないのか

いま、マーケティングの上で企業が求めているものを突き詰めていくと、多くの場合UGCをどう生み出すかに行き着きます。1人が2人に伝えてくれれば、理論上は無限に広がります。だからたくさんの企業が「どうやったらバズるか」「SNSにアップしてくれるか」を模索しているわけです。しかし、なかなか消費者はSNSに上げてくれません。

そうして**企業は「なんで拡散されないんだろう」と「商品」に理由を求めます**。もちろん、商品に問題がある場合もあるとは思いますが、ほとんどの場合、そうではありません。**その商品に、あるいは商品が消費される過程に、UGCが生まれる設計をしていないから**です。

UGCの設計で最も有名なのが、Clubhouseです。以前、Clubhouseのアカウントを持つためには、すでに登録した人から紹介してもらう必要がありました（現在では招待制は終了）。そうした特別感もあって、爆発的にユーザーが増えました。その過程で多くのコミュニケーションが生まれ、Clubhouseのよさも広がっているわけです。

こうした視点で、「紹介」を設計に入れることもできます。例えば「友達紹介キャンペーン」というのがあります。「紹介してくれたら1000円オフ」。顧客を広げる意味では効果があると思いますが、もう少し工夫したらさらによくなると思います。「同じ誕生月の友達に紹介したら」「家族で一緒に来店されたら」などとすれば、顧客が誰かに紹介する時点で、より多くのコミュニケーションが生まれます。単純に割引をするより、UGCが生まれる効果は高いでしょう。

ただ、同じことができる業種は限られています。UGCを生むためのカギはコミュニケーションです。商品を通してコミュニケーションが生まれるようにしておけば、自然とUGCが生まれます。そのきっかけを「エモ」を使って設計します。

商品や広告に仕掛けを入れる

コミュニケーションを生むための設計の1つが、商品そのものに仕掛けを加える方法です。

お菓子のパッケージに「○○さんへ」というように、名前を書き込めるものがあります。これはとても上手な方法だと思います。「誰かにあげるもの」という訴求をすることで、商品を通した多くのコミュニケーションが生まれます。あるいは、フタがネコのデザインになっているカップ麺も、買った人は誰かに伝えたくなるのではないでしょうか。

商品とコミュニケーションの**仕掛けがセットになっていることもあります**。商品が届いたときに、誰かに送るためのサンクスカードが入っている。飲み物と一緒に「誰と飲みますか?」とメッセージカードが届く。

新聞広告やチラシであれば、見た人が誰かに伝えたくなる内容を考えます。この点では、豆知識系が考えやすいと思います。

- スーパーのチラシで「○○が高血圧に効く」
- 家電量販店の広告で「実は○○に節電効果はない」
- マンションの広告で「本当にお勧めな引越しのタイミングは○月」

商品の説明だけであれば、それを魅力的に受け取ったとしても、人に伝えようという気持ちにはなりません。どんなチラシであれば、それを見た人がほかの人と会話をするのか。特別なことではなく、チラシを見る人の日常を想像しながら考えてみましょう。

商品を通してコミュニケーションが生まれる設計を

プレゼントしたくなる商品を考える

第3章で、エモの最上級はプレゼントだとお話ししました。誰かにプレゼントをする上では、必ずコミュニケーションが発生します。

それに、現在、**ギフト・プレゼント市場が伸びています**。2020年の市場規模は9兆8905億円、そこから2021年に前年比102・3%、2022年に前年比104・1%と推移し、2023年は前年比101・3%で10兆6670億円となっています（矢野経済研究所調べ、小売り金額ベース、2022年は見込み値、2023年は予測値）。

また、**プレゼントの場合は一般的に単価も高い**と言えます。何かを買うときに2000円と1000円のものがあったとして、「安いから1000円のものを」と選ぶことは少ないと思います。例えば「3000円」と予算を決めて買います。それに、プレゼント商品ではリピートを狙いやすいとも言えます。プレゼントを買うときに同じ店で選ぶ人は多いのではないでしょうか。

これからのBtoCのビジネスでは、プレゼントできるものかどうかが、重要視されるようになると思います。

プレゼントとして買ってもらえる商品としては、まず単純に、ギフトにできるようなパッケージかということがあります。値札がはがせるようになっているなど、シンプルなところも大事です。

加えて**「どういう意味で誰にお勧めできるのか」の理由をつくる**ことです。

例えばノンカフェインのコーヒーを売るときに、ただ「ノンカフェイン」と訴求するのではなく、「コーヒー好きだけど、妊娠中でカフェインを摂れない方へのプレゼントに」とメッセージングする。あるいは、「髪がまとまるシャンプー」ではなく、「毎日忙しくてヘアケアの時間が取れないあの人へ」と伝える。そうして「これをあの人にあげたら喜んでもらえるだろうな」と訴求することができます。

それに、プレゼントはあげる人、もらう人の外にも広がります。

例えば、電車の中で花束を持っている人を見て、「誰かにもらったのかな」「誰かにプレゼントするのかな」「送別会かな」と、前後のストーリーを想像することがあるのではないでしょうか。また、誰かにプレゼントをもらったエピソードや、その画像をSNSにアップすることも多いと思います。

プレゼントをあげる、もらうということに対して生まれる喜びだけではなく、プレゼントを渡している姿を見て、また別の共感が生まれるのです。

SNSマーケティングの構図は大きく変わる

企業の伝えたいことを「エモ」に翻訳する

北海道を舞台にした地方創生の一環で、三菱UFJ銀行と弊社で「MUFG北海道推しごとオーディション」というプロジェクトを実施しました。

北海道には広い土地、森林や河川といった大自然、食べ物、観光などさまざまな可能性があります。魅力ある北海道の課題解決を応援する際に、これからの社会の中心となるZ世代の視点を取り入れていこうという取り組みです。

銀行や地方の自治体には、なかなかZ世代の声は入ってきません。「Z世代が北海道のどんな課題解決に関心を持ち、どんなことに関心を示さないのか」を知るためにどうすればいいか、というご依頼からスタートしました。

このプロジェクトでは、自治体からの応募をもとに6事業を審査会にて選定しました。審査の基準は、SDGsの視点などを踏まえた環境社会課題への貢献度、50年後を考えられた設計になっているか、事業としての安心感、実現可能性などにしています。

そこで選ばれた事業のショートムービーを弊社が制作し、TikTokで運用しました。動画に対する「いいね」の数やコメントの内容などから、Z世代がどう評価しているのかを分析し、その結果も参考にして、各事業に対して三菱UFJ銀行とその取引企業が資金提供を行いました。

企業側からの目線だけでクリエイティブを作ると、ファクトだけを伝えるものが出来上がります。「この企業はこういうことをやっています」ということだけでは、Z世代には刺さらない。**企業の言いたいことを「エモ」に翻訳する**発想が必要です。

「コミュニケーションアカウント」が広がる

SNSの企業アカウントとして有名なのが、SHARP社のTwitterアカウントです。まだTwitterがそれほどビジネスに利用されない時期から運用に注力していたことで、抜きん出た存在になっています。いわゆる先行者利益であり、いまからほかの企業が超えるのはまず無理と言っていいでしょう。市場の特性上、後発者は圧倒的に不利です。

ただ、このように、企業が公式アカウントを通して消費者と繋がるという構図が、これから一気に変わる可能性があると考えています。ひと言で言えば、**「コミュニケーションアカウントをつくる」**という発想です。

これから企業に必要なのは、公式アカウントや広告運用のためのアカウントではなく、消費者とコミュニケーションを取るためのアカウントです。例えばお茶のメーカーがInstagramのストーリーズで「次に欲しいフレーバーは何ですか?」と質問する。それにユーザーが「桜の香りが欲しい」と回答します。簡易にリアルな情報を集めると同時に、ファンコミュニケーションができます。

ただ、企業が直接消費者と繋がろうとすると、どうしても宣伝や広告の雰囲気が出てしまいます。

そこで必要なのが、企業と消費者の間を繋ぐ存在です。企業の言いたいことを適切に翻訳し、消費者へ伝える。また、消費者の考えていることを理解して、企業に伝える役割です。

企業と消費者の両方とやり取りできるのが、インフルエンサーと呼ばれる人たちです。彼らは商品やサービスを使った感想をハッピーな表現に置き換えて発信し、共感を呼び込むスキルを持っています。消費者にとっては、自分の好きなインフルエンサーによるUGCが、購入の強い動機になるわけです。

企業が自分たちでインフルエンサーを生み出すのでもいいですが、それでは難易度が高くなります。そのため、企業がインフルエンサーに発注する。**インフルエンサーを介して消費者と企業が繋がる**。そうした構図になっていくように思います。

企業の言いたいことを

「エモ」に翻訳して消費者に届ける

企業はどのように対応すればいいのか

繰り返しになりますが、商品やサービスが拡散するためにはUGCが必要です。その発信者としてインフルエンサーを活用しようという流れはすでに起きています。

しかし、インフルエンサーマーケティングはだんだんと難しくなっています。まず、第1章でお話ししたように、企業がインセンティブを付与してインフルエンサーに投稿してもらう際には「#PR」のタグなどを付けることが義務化されました。ユーザー側もそのことを知っており、反応が少なくなっています。

それに、企業としての費用対効果が見合わなくなっています。インフルエンサーは若い人が多く、ビジネスに対するリテラシーがあまり高くない人もいます。そうした人たちに適切な発信をしてもらおうと思えば、謝礼はもちろん、脚本家などを組み込むことも必要になります。インフルエンサーの発信がユーザーに届きづらくなっているなか、それほどのリソースを割くことはできない企業が多くなっているのが現実だと思います。

また、このやり方では共感が生まれづらいと言えます。企業側がセリフまで細かく決めたオリエンシートを渡して、そのままインフルエンサーに話してもらうような発信もあります。するとどこかに不自然さやノイズが入り、見ている人にも伝わります。

こうした課題を解決するためにも「エモ」の考え方が生きてくると思います。自社やブランドに対するインフルエンサーの共感を前提に発信してもらう。インフルエンサー自身がいいものだと感じて発信してもらえば、より多くの人に伝わります。

理想としては、企業がインフルエンサーに依頼するのではなく、インフルエンサーに選ばれる企業になることです。そのためには、自社のサービスや商品を宣伝してもらうという意識ではなく、「これをあのインフルエンサーにプレゼントしたら喜んでもらえるだろうな」という発想が必要です。

インフルエンサーからＰＲしてもらいたいと思われるようになる。その順番が適切です。

常識を疑い幸せをつくる革命家に

いままでのやり方を変えられない人へ

本書ではエモマーケティングについて話してきました。従来のマーケティング手法とは少し変わった方法かと思います。

これを実践しようとしても、周囲に賛同してもらえない場合もあるかもしれません。新しいものは、往々にして受け入れられづらい。弊社が企業の方からご相談を受ける中でも、**「本来はこうしたプロモーションをしたいけれど、上が理解してくれない。でも売りたいんです」**と言われることがあります。

「この企業のやり方はおかしい」という人は昔からたくさんいたはずです。しかし、それを口にできなかったり、上手に適合できなかったりするのではないでしょうか。

いままでの日本では、常識に囲まれた組織の中でも、安心して生きることができました。しかしいま、それが疑われるようになっています。

はっきりと、数字が出てしまっています。1989年には世界時価総額ランキングトップ50のうち、32社を日本企業が占めていました。それが2023年になると、日本企業の名前はなくなっています。

また、日本のGDPは中国に抜かれて世界3位。それだけを見るとまだよさそうですが、国民1人当たりのGDPは27位です(IMF World Economic Outlook Database, October 2022)。

こうしたことは、ずっと以前からいわれています。昨今の円安なども含めて「あれ? このままじゃまずいぞ」と多くの人が感じています。大企業の管理職であっても、きっと同じでしょう。それなのにやり方を変えられないのは、企業の常識が外の世界への目隠しになっているからです。

僕は、自分で会社を立ち上げています。組織の常識やルールといったものに縛られてきたわけではありませんし、まだまだ若輩者でもあり恐縮ですが、本書の最後に「常識を覆す」ことについて考えます。

常識を疑う習慣を持つ

マーケティングの常識を覆すことができれば、どんでん返しが起こり得ます。では常識に縛られないためにどうすればいいいか。

常識を覆すことができる人は、常識を疑う人だけです。そして**常識とは、はっきりと形のあるものではなく、不確かなもの**です。

高校生の頃、学校の中でのいじめを止めたことがあります。すると、今度は僕がターゲットにされました。このとき、常識は多数決でつくられるのだと知りました。

学校という集団の中で「こいつが悪だ」という考え方が過半数を占めたわけです。その中でいじめは常識となり、悪いことではなくなります。常識とは時に論理や善悪とは関係なく、ほわっと形作られることがあります。

ある人にこんな話を聞いたことがあります。

「スイッチを押すと電気が点きます。これを疑わなければいけません。世界では当たり前ではないのです。日本人は、常識を疑う力が弱くなっているのではないでしょうか。少し視点を変える必要があるように思います」

日本では停電が起きないのが当たり前、水が飲めるのが当たり前、コーヒーがまずくないのも当たり前、食中毒を起こさないのが当たり前。常識は、人が当然と思っている間は常識として存在していますが、疑えばすぐに形を失っていきます。

常識を疑うためのいちばんの近道は、自分と違う人の価値観に触れる必要があります。上の世代の方にとって、Z世代と触れることは、まさに自分の常識が崩されることでもあるはずです。

もちろんそれは、Z世代にとっても同じです。そうして上の世代とZ世代のコミュニケーションが活発化されることで、新たな気付きが生まれます。そこからイノベーションが生まれるのではないでしょうか。

ただし、常識を疑って新しいことをやろうとするだけでは、周囲の反発に遭うこともあります。そこをクリアするためには、みんなを幸せにするという目的を軸に持つことです。

「幸せ軸」で周囲を味方に付ける

常識を疑う人には2種類あります。

1つ目が革命家やイノベーションを起こす人、新しいものを生み出すことができます。

もう1つがサイコパスです。極論ですが、「人に迷惑を掛けてはいけないということは常識。だから常識を疑って、人に迷惑を掛ける」という考え方です。もちろん、そこから失われるものはあっても、生まれるものはありません。

人のためを思わない発想から、新しいものは生まれません。周囲を味方に付けるために、「自分がこうしたい」と主張すれば、「お前は変わってるな」「結果を出せんのかよ」「それはうちのやり方じゃないから」と言われて終わってしまいます。それを、みんなの幸せ軸に変える。**「ここを変えれば、みんながもっと幸せになる。だから変えたいんだよね」**という訴求が必要です。

TikTokの発信では、KPIを考えました。しかし、**本当に大事なのはKPIでもKGIでもなく、KEI**。"Key Emo Indicator"です。

チームのみんなが幸せなのはどんな状態か、顧客にどのような気持ちになってもらいたいのかといった定性的な部分を明確にし、そこに辿り着くことを目標にします。

そう考えると、売り上げは通過点に過ぎません。チームにとってのエモは商品がたくさんの人に届いていることなのか、会社の中で表彰されることなのか。お客様がどのようなUGCを発信してくれることが理想なのか。何が自分たちにとって最高にエモい状態なのかを考えます。

そうして初めて、定量的な目標に結び付けることができます。「〝たくさんの人〟を1万人と設定しよう。1年後の達成を目指すとして、半年後に5000個だ。そのために今月は何をすべきか」「『ほかの人に紹介したい』という感想を1年間に30件もらえることを目指そう」と考えられるようになるわけです。

エモを視点に目標を捉え直せば、いままで思いつかなかったやり方も見えてくるかもしれません。お客様が、あるいは仲間がどうやったら喜ぶだろうと考えることが、結局は売り上げに繋がっていく。突き詰めて考えれば、人はお金を払って幸せを買っているわけです。人の幸せをたくさんつくる能力は、お金をたくさん集める能力とイコールです。

自分も周囲も消費者もエモくする。そうしたマーケティングが広がれば、楽しい世の中になっていくはずです。

おわりに

エモが日本の幸福度を上げる

「エモシチュエーションを見つけよう」と思って生活していると、小さなことに幸せを感じたり、感謝を感じたりするようになります。

宝くじが当たらなくても、周囲には小さな幸せがたくさんあります。「意識すれば小さな幸せを得ることができる」というより、「これまで気付かなかったけれど、小さな幸せって意外にたくさんある」という発見です。朝の日光を浴びたとき、トースターをセットして身支度をしたらタイミングよく焼けたとき、「いま○時くらいかな」と思って時計を見たらぴったりだったとき、いつもより肌が綺麗に感じるとき。

大きな幸せを追求し過ぎても、結局しんどくなります。もっとほわっと、気楽に生きてもいいのではないかと思います。「誰かに定義された幸せなんか追わなくたって、本当の幸せはいくらでもあるよ」と、多くの人に気付いてほしいと思います。

私のモットーは「嫌いな人にウザいって言う暇があれば、好きな人に好きって言おう」です。高校2年生のときにこのモットーを掲げるようになってから、人生がガラリと変わりました。人を褒めることが趣味になり、イライラしていたことも前向きに捉えられるようになり、仲間もたくさんできるようになりました。

この考え方をより多くの人に伝えるため、教師を目指して横浜国立大学に入学しました。いまは会社を経営しながら大学や企業で講演をさせていただき、この言葉を伝えています。本書を読んでくれた皆様にも知っていただきたいと思い、綴らせていただきました。

世の中には、〝変えられるもの〟と〝変えられないもの〟があります。花がいつか枯れてしまうように、人生は有限です。変えられないものではなく、変えられるものに目を向けましょう。

他者を変えることは難しいですが、自分を変えることはできます。私は数年前まで平凡な学生で、起業は選択肢にもありませんでした。それがいま、50名近くの仲間と共にエモを咲かせ続けています。会社で辛いこと、人生でうまくいかないこと、誰しもあると思います。しかし「あのときの失敗や涙が成長に繋がっているなあ」と、エモく語ることのできる日が必ず来ます。

それが巡り巡って、人の人生を変えることにもなるのかもしれません。私たちが関わった商品やサービスに触れた人から、「人生を変えてくれた」と声を掛けていただくこともあります。そしてその人たちのお陰で、私の人生はより色鮮やかに変わっていきます。本書でも、「#エモ消費 読んだよ」「この本を見て、人にプレゼントを贈るきっかけになったよ」といった声が聞けると大変嬉しく思います。

プレゼントに悩んでいる人がいたら、「花」をお勧めします。

私は花以上にマイナスイメージのないものを見たことがありません。愛には浮気がありますが、花は浮気しません。いつかは枯れてしまうけれども、そこには儚さがあります。ドライフラワーとして残る美しさもあります。

さて、ここまで読んでくださった皆様、私を育ててくれた家族、若い私たちにチャンスをくださったクライアントの皆様、いつも支えてくれる〝ぼくわた〟のみんな、「エモ」という言語化が難しい領域をここまで綺麗にまとめていただいた編集者の久保木さん、本当にありがとうございます。

私たちがクライアントにマーケティングのご提案をするときには、エモシチュエーションを伝えることになります。そのとき、担当者の方が〝にやける〟ことがよくあります。エモが人へと伝わる瞬間。その場の雰囲気はとても和やかになります。エモは連鎖します。エモを考えることで幸せになる。ビジネスを通して幸せが広がっていく。その結果、日本の幸福度が上がっていくと信じています。

1つでも多くのエモ消費がこの世に生まれますように。

いつか皆様の笑顔という花が咲き、集まり、色とりどりの花畑となるように。

私はZ世代の立場から、同世代を、日本を盛り上げていく1人として人生を歩みたいと思います。

2023年5月

Z世代の企画屋　今瀧健登

［著者略歴］
今瀧健登（いまたき・けんと）
僕と私と株式会社CEO、一般社団法人Z世代代表、Z世代の企画屋。
1997年生まれ、大阪府出身。横浜国立大学教育人間科学部在学中に起業。花屋のコンサルティングやグラフィックデザインを担うほか、花贈りブランド『HANARIDA』をリリース。
2020年、大学卒業後に教育コンサルティング会社に就職。同年に「僕と私と株式会社」を設立し、Z世代向けのマーケティング・企画UXを専門に事業を展開する。メンズも通えるネイルサロン『KANGOL NAIL』、食べられるお茶『咲茶』などを企画。プロデュースしたマッチングアプリ「タップル」の公式TikTokアカウントでは、開設1年でフォロワー約35万人、総再生回数は2億回を突破している（2023年3月末現在）。また、「サウナ採用」などのユニークな働き方も提案。
「NewsPicks」U-30プロピッカー。「日経クロストレンド」にて『今瀧健登の「Z世代マーケティング」』を連載中。そのほか、テレビ東京「WBS（ワールドビジネスサテライト）」、テレビ朝日「大下容子ワイド！スクランブル」、TBS「Nスタ」、J-WAVE「TOKYO MORNING RADIO」、「朝日新聞」、「産経新聞」、「日経MJ」、「MarkeZine」、「宣伝会議」、「創業手帳」、「日経ビジネス」、「日経xwomen」、「KEIEISHA TERRACE」、「ABEMA NEWS」など、Z世代の代表として多数のメディアに出演。本書が初めての著書となる。

エモ消費《しょうひ》
世代《せだい》を超《こ》えたヒットの新《しん》ルール

2023年6月11日　初版発行

著　者　今瀧健登

発行者　小早川幸一郎

発　行　株式会社クロスメディア・パブリッシング
〒151-0051 東京都渋谷区千駄ヶ谷4-20-3 東栄神宮外苑ビル
https://www.cm-publishing.co.jp
◎本の内容に関するお問い合わせ先：TEL（03）5413-3140／FAX（03）5413-3141

発　売　株式会社インプレス
〒101-0051 東京都千代田区神田神保町一丁目105番地
◎乱丁本・落丁本などのお問い合わせ先：FAX（03）6837-5023
service@impress.co.jp
※古書店で購入されたものについてはお取り替えできません

印刷・製本　中央精版印刷株式会社

ISBN978-4-295-40835-2　C2034